# 행복한 목욕탕

김요아킴 시집

신생시선·35
## 행복한 목욕탕

지은이·김요아킴
펴낸이·원양희
펴낸곳·도서출판 신생

등록·제325-2003-00011호
주소·600-013 부산광역시 중구 중앙동 3가 12-1
　　　w441@chollian.net　www.sinsaeng.org
전화·051) 466-2006
팩스·051) 441-4445

제1판 제1쇄·2013년 12월 10일
제1판 제3쇄·2018년 7월 5일

공급처·도서출판 전망

값 8,000원
ISBN 978-89-90944-37-5

* 저자와의 협의에 의해 인지를 생략합니다.

　이 도서의 국립중앙도서관 출판시도서목록(CIP)은 서지정보유통지원시스템 홈페이지(http://seoji.nl.go.kr)와 국가자료공동목록시스템(http://www.nl.go.kr/kolisnet)에서 이용하실 수 있습니다.(CIP제어번호: CIP2013026365)

## 시인의 말

사람을 짧게 발음하면 '삶'이 된다는 것을
그리고 그 삶이 詩의 진정한 경전이라는 것을
不惑을 넘긴 나이에 알게 되었다.
저 멀리 있는 것이 아니라 가까이
구겨진 휴지 같은 남루한 삶의 주인공이
바로 사람이라는 것도,

산다는 것은 곧 詩作이다.

화려하고 거추장스러운 修辭를 모두 버리고
종이의 전생인 나무에 미안하지 않기를 바라며
이 시집을 얼마 전 생을 놓으신 아버지께 바친다.

초겨울 낙동강이 바라 뵈는 금곡에서
김요아킴

## 차례

시인의 말      5

### 제1부
강정에서 길을 잃다      11
국밥 한 그릇      13
순장녀      15
사라져 버린, 10시      17
손가락 역사      19
외팔이 강씨 아저씨      21
독백, 그 행복한 시도      24
돈에도 주민증이 있었다      26
구두 수선공의 노래      28
굿모닝 베트남      30
무법자      32
롯데 시네마      34
다시, 봄날에      36

### 제2부
새벽, 지하철에서      41
고목      43
어느 촌지      45
천국에서의 마지막 날      47

| | |
|---|---|
| 지하 주차장 | 49 |
| 자판기 女子 | 51 |
| 선물 | 53 |
| 찜질방에서 고해를 하다 | 55 |
| 창선대교 | 57 |
| 행복한 목욕탕 | 59 |
| 자판기 토론회 | 61 |
| 한 그루 나무가 있다 | 63 |

## 제3부

| | |
|---|---|
| 60으로 고해하기 | 67 |
| 물구나무 서기 | 69 |
| 미안함에 대하여 | 71 |
| 바다 | 73 |
| 변방은 여전히 평안하다 | 74 |
| 시집에 대한 단상 | 76 |
| 여린 실연 | 78 |
| 知己를 보내며 | 80 |
| 시간을 교환하다 | 82 |
| 섬. 1 | 84 |
| 섬. 2 | 85 |

| | |
|---|---|
| 섬. 3 | 87 |
| 안경이 항해하다 | 89 |
| 장승등대는 안녕하다 | 91 |

**제4부**

| | |
|---|---|
| 고래를 꿈꾸며 | 95 |
| 그물 | 96 |
| 나무들이 합장하다 | 97 |
| 다솔사 해우소 | 98 |
| 물고기로 꿈꾸다 | 100 |
| 심야 라디오 | 102 |
| 우리 시대 타잔 | 104 |
| 고향 이발소 | 106 |
| 구관 108호에서 촘스키를 만나다 | 107 |
| 엄마의 도마 | 109 |
| 새우깡 | 112 |
| 아버지의 화단 | 114 |
| 할머니의 실루엣 | 116 |
| **해설** 통민운화(統民運化)의 세상을 꿈꾸며 **황선열** | 118 |

제1부

## 강정에서 길을 잃다

강정에서 불어오는 바람은 푸석했다

모든 진액이 빠져나간
만지면 곧 바수어질 듯한 분노로
상기된 살결을 스쳐 지났다

이미 접어든 올레길 너머로
곳곳에 뿌리박힌 만장들

시대가 피워 올린 모순에
흠칫 몸을 뒤틀며
지나온 섬의 가계家系를 더듬고 있다

어린 파도들은 여전히 구럼비바위와
철없이 숨바꼭질을 하고

강정천 내린 맑은 물은, 그해 4월의
통증을 애써 씻어내려 하는데

발밑으로 밟혀오는 노신부님의
낡은 마이크 소리

한걸음씩 딛을 때마다
진혼곡으로 변주되어 오고

아려오는 가시밭길, 잠시
길을 잃고 멈춰 서버렸다, 우두커니

## 국밥 한 그릇

꼭 삼백 예순 날 전
부엉이 바위가 지켜보는 어두운 논길을 지나
서러움으로 촘촘히 박음질한 천막 아래로
때 이른 국화꽃이 새하얗게 폈던 적이 있었습니다

장대비가 죽창처럼 먹먹한 가슴으로 꽂히던 날
희뿌연 화로의 그 향내가
팔십 년대 광장에서 터져오는 최루가스보다, 더 맵게
눈을 아려오게 한 적이 있었습니다

맨정신으로 있기엔 어찌할 바를 몰랐던 그날
허기진 뱃속으로 쏟아 부은 한 잔의 취기와
쪼그려 앉아 후후 나의 비겁을 불어대며
한 그릇의 국밥을 손에 든 적이 있었습니다

숟가락으로 휘이 휘이 저어가며
당신이 뿌려놓은 한 톨 한 톨의 밥알과
당신이 쌓아놓은 건더기 한 점 한 점을

입천장 데일 정도의 아픔으로 삼킨 적이 있었습니다

영상으로만 들을 수밖에 없는 걸쭉한 목소리를 등 뒤로
마지막 대접을 받고 일어서던 자리
다시는 만날 수 없을 당신의 정의와 원칙 앞에
두 종아리와 손목이 가늘게 떨던 적이 있었습니다

하지만 지금, 크고 작은 그림자들 차곡차곡 포개어져
가늠할 수 없는 긴 행렬로, 한 발 한 발
어떤 가시밭 길이라도 결국 앞으로 나아가고야 마는
그것은 당신이 우리에게 물려준 유산이었습니다

그날의 국밥 한 그릇, 결코 잊어지지가 않습니다

## 순장녀

대성동 고분에서 한 여인이 발견되었다
반듯하게 누운 채로
태어나야 할 다음 세상을 위해
머리는 동쪽으로 향해 있었다
늘 부리던 오른손 부근엔
깨진 그릇 몇 조각이 흩어져 있었고
살아온 생만큼의 체구에 비해
도드라진 종아리 근육은
그녀의 신분을 말해주는 듯 하였다
골반을 진맥한 결과 두 명의 아이를
갓 낳은 새댁이었지만
그녀가 모셔야 할 분은 이미
토지신에게 덩이쇠를 지불한 상태였다
덧널 사이에 냇돌은
두고 온 이승에의 미련만큼이나 깔려
수천 년으로 발효되어 왔고
주인과의 지독한 연을 끊으며, 마침내
한 여인이 새로운 희망으로 출토되었다

85호 고공 크레인,
스스로 자기 생의 결정권을 움켜쥐며
만 309일 만에 당당히
무덤에서 걸어 나왔다

# 사라져 버린, 10시

욕탕은 고요하다

새벽을 틈타 한바탕의 왁자한 물갈이가 끝난 오전 10시,
몇몇 벌거벗은 실루엣들이 제자리를 지키며
드문드문 평화를 누린다

피어오르는 김은 주어진 자유만큼 적당한 온기를 더해준다

서로에게 나눠야할 따뜻한 물이 여전히 넉넉한 10시,
무심코 누군가가 열어둔 창문 틈으로
두 마리의 비둘기가 날아든다

일순 제멋대로 휘젓는 날갯짓
타고난 저의 상징을 깨어버린다

순간 내려앉는 10시,
수도꼭지 위로 혹은 천장 환풍기에서 발견되기도 한다

도처에서 반사적으로 일어서는 손가락의 무리
불 켜진 초처럼 쫓아보지만 역시 쥐구멍의 꼬리 같다

몇 개의 깃털로 당황함을 떨어뜨리고
오히려 형광등 주변을 어슬렁거리며 점점
어둠의 자국들을 찍어나간다

누군가의 방심한 그 창문 틈으로
오른 날개가 더 커 보이는 그림자 대신
10시의 일상은 소리 없이 사라져간다

# 손가락 역사

그는 전향자다.

만 30년의 습관을 미련 없이 버리는 혁명을 선택했다. 늘 그가 잡아왔던 오른쪽 모든 것들이 순간 낯설게 다가오고 익숙함이 오히려 두려움으로 변해버릴 즈음, 반대쪽 손은 사라진 두 손가락의 행방을 수소문하며 애를 썼었다.

그의 오른쪽 엄지손가락엔 그의 가계家系가 지문처럼 찍혀 있다.

그해 겨울 월남한 아비의 구부정한 등으로 눈보라는 울분처럼 쌓이었고, 얼굴 한번 보지 못한 맏형은 태백줄기 아래 어디쯤 너와집 대신으로 북에서 내려온 군인들에 생을 저당 잡혔단다. 낯선 사투리는 금세 휴전이 될 것처럼 익혀져 그가 태어났고, 불쑥 새어 나오는 북쪽 말씨는 티눈처럼 생에 박히었단다. 동쪽 바다로 숨어든 공비들 소식에 그의 엄지손가락은 더욱 오른쪽으로 굳어져 갔고, 먹을 것을 찾아 다시 남쪽 항구 도시로 떠밀려 왔단다.

오른쪽 그의 검지손가락에도 노동의 내력이 소금기 묻은 물빛으로 묻어 있다.

프레스로 찍어내는 하루의 고단함이 늦은 밤 교문을 나서는 발걸음으로 이어졌고, 참아내야 할 숨만큼 헐떡이며 잦아드는 산동네 골방은 여전히 비릿한 가난으로 도배되었단다. 수출입국 산업역군으로 한 뼘의 상승을 위해 무시로 철야를 했던 어느 날, 신혼인 그의 장밋빛 꿈은 붉은 꽃잎 두 개로 무너졌단다. 적금처럼 모아두었던 오른쪽으로의 믿음은 결국 깊은 하혈을 하였고, 단말마적 비명과 함께 퇴화된 반대쪽 관절을 놀려야 했단다.

그는 이제 왼손잡이다.
숟가락을 들 때도 작업복을 입을 때도 오른쪽의 기억을 철저히 연소시켰고, 그의 생각마저 그러했다. 파업을 마치고 돌아오는 새벽, 김 서린 해장국 위로 소주처럼 맑은 그의 눈동자가 빛났고, 매캐한 최루가스는 술잔을 쥔 그의 왼손에 또 다른 힘을 보태주었다.

## 외팔이 강씨 아저씨


우리 뒷집 강씨 아저씨는
오늘도 연장통 챙겨 들고
새벽 별빛 받으며
집을 나선다

월남전 때
한 쪽 팔 잃어버린 대가로, 덩그러니
훈장 하나 달고 돌아와
무작정 뛰어든 생활 전선

치솟는 물가에 어림없는
보상비 모아
겨우 달셋방 마련하고
시작한 리어카 행상

온 동네 돌아다니며 과일이고 채소고
이문 남는 장사라면 닥치는 대로 했다는 그 시절
가난했지만 마음만은 부자였다는 그때를

목포댁 아줌씨는 아직도 그리워한다

한때는
불구가 된 신세 한탄하며
쪼들린 살림
술로 말아먹고

새빠지게 일해도 있는 놈 발바닥 밖에 빨지 못하는
이놈의 세상이 더럽다며
죽기로 결심한 날, 강씨 아저씨는
어린 두 남매 부여잡고 대성통곡 하였단다

떠돌이 공사판 막일꾼 수년에
이제 허리까지 다쳐버린 아저씨는
늘그막에 그래도
아들 녀석 때문에 산다 한다

빼앗긴 권리 되찾고
민주 노조 건설하자며

오늘도 피멍들어 오는 동규 녀석이
그렇게 믿음직스럽다 한다

## 독백, 그 행복한 시도

천국행 열차를 타기위해, 천천히
지하로 안내하는 계단에 올랐어요

만지면 한줌 재로 바수어질 듯한 영혼을 매달고
차갑게 들여다뵈는 대리석 바닥을 서둘러 피해갔지요

낯설게 틀어박히는 역사의 멘트는
한층 발걸음을 부양시키며 무임승차를 재촉하네요

간간히 스치는 사람들의 통화음
한 그릇의 저녁밥과 살 부비는 온기를 생각나게 하네요

문득, 강렬하게 저당 잡힌 삶을 어딘가 하소연하고 싶지만
어젯밤 피워놓은 번개탄 냄새가 서둘러 말리고 있어요

이제 어둠을 저며 가는 불빛이 덜컹거리며 달려오고
몸을 성큼 앞으로 내어주면 저의 완벽한 시도는 끝이 나네요

단호한 그 호각음과 공공의 이익을 위한다는 제복들이
달려들어, 제 행복이 도난당하지만 않으면 말이지요

## 돈에도 주민증이 있었다


언제부턴가 떼어 내버릴 수 없는 이 습관은
몇 장의 지폐를 푹 찔러 넣은 추리닝 바지와
조급한 슬리퍼의 마찰음으로 시작된다

달포 전 오픈한 그 가게, 착착 감기는
미끈한 도우미의 목소리 때문만은 아니다
몇 곱절 돈으로 뻥튀기해 생을 역전시켜준다는
큼지막한 문구 때문만도 아니다
추첨일까지 기다리다 못해, 사각사각
은전 한 닢으로 숫자를 맞춰보는 긴한 떨림 때문만은
더 더구나 아니다

한 땀 한 땀 김밥으로 말아 올린 수억의 생을, 덥석
  상아탑에 바쳤다는 노파의 소문이 TV 화면 밖으로 굴러 나올 무렵
  달랑 남은 구권 지폐를 기어이 큰 복과 교환했었고
  바로 그때 돈에도 주민증이 있다는 것을 발견해서부터였다

책상 위의 낡은 지구본처럼 적당하게 돌고 도는 것이
돈이라는 행복한 연민을 손끝으로 풀무질하며
한 번도 팽팽하게 당겨보지 못한 그림자 곧추 세워
사라진 그 돈의 행방, 어쩌면 수소문하고 싶었기 때문일지도 모른다
아니, 꼭 찾아
다시 한 번 불러보고 싶었는지도 모를 일이었다

그 이름 - 더러버 XXXXX18

## 구두 수선공의 노래

사람들은 언제부턴가
제 말을 잃어가며
그저 살아 있다는 것만으로 감사해 하고
언제부턴가 나는
초등학교를 졸업하면서
더 이상 키가 자라지 않음을 알았다

가진 것 없는 아비의
저질러 놓은 자식농사에
뿌려놓은 눈물마저 거두지 못해
유년의 시절은 스러져 갔고
나는 자라지 않는 키만을 원망하며
푸른 하늘만 쳐다보았다

일 미터하고도 조금 더 되는
그 이상으로는 살아 보지 못한 반평생

세상을 알고부터는

더 이상 클 수 없다는 것을
크면 클수록
더 큰 무리들이 있다는 것을
아프게 배우면서
이제는 슬퍼하지 않게 됐다

닳아 없어진 세월 대신으로
튼튼한 새 굽을 끼워 주고
구두코 만지작거리며 이렇게
세상을 빛내 준다는 것이
축축한 거리, 지친 다리들
다시 일으켜 세우는 것이
나의 길 되어 버리고

오늘도 아래로 보는 것이 더 편한
내 키를 다행이라 여기며
큼직한 바늘로 천천히
인생을 엮는다

## 굿모닝 베트남

임대가 나붙었다
손님들이 말라가는 낡은 탁자 위로
술잔의 거품들이 추억처럼 사라진다
스피커를 장악한 육십 년대식 트로트가
낯선 고요를 낳고 있다
건너편 자리, 한 조끼의 호프를 품으려
다낭에서 건너온 젊은 두 이방인의
작업복이 슬퍼 보였다
연신 주고받는 그들의 말줄임표, 순간
부딪치는 컵의 손잡이로
검지손가락의 빈자리가 유난하다
두고 온 고향의 어촌 풍경이
문득 그 사이로 눈물처럼
생겼다 사라지곤 하였다
창 밖 사거리로 울리는 요란한 경광등
신호를 기다리는 작은 차를 대형차가
공격했다는 소문이 월남에서 돌아온
새까만 김 상사의 입을 통해 전해졌다

시장 골목 모퉁이 이층 단골집
막차를 알리는 벽시계의 침묵을 뒤로 하고
임대 현수막은 여전히 나부끼고 있다

## 무법자

적들은 세상 속에 있죠

가스통을 매단 채, 저는
어떤 주저함도 없이 질주하죠

배기통에서 터져오는 요란한 굉음은
도로 곳곳을 점거한 고급차들에
적당한 위협을 주기도 하죠

넘어질 듯 쓰러지지 않는
두 바퀴로의 곡예
두터운 헬멧은 나를 존재케 하는
유일한 증거죠

꽁무니를 쫓아오는 수많은 욕설과 경적엔
이미 단련이 되었고, 그저
앞만 보는 경주마의 눈빛만 기억하죠

어제 뉴스엔 먼 나라 수도
지하드의 장엄한 폭탄이
펄떡이는 심장을 스스로 태우고
적들의 견고한 힘을 흔들어댔다죠

배움이 없는 만큼 핸들을
왼쪽으로 꺾으며
제때 생을 점화시켜야만, 겨우
먹고 살 수 있죠

여전히 적들은
세상 속에 있죠

## 롯데 시네마

수많은 관객을 집어삼킨 녀석의 큰 입에
늦은 밤 나 또한 제물이 되어
숨죽이고 있다, 거침없이
기적을 일궜다는 강 복판을 제 집인 양
포획한 먹이를 하나 둘 선별하며
잽싸게 먹어 치우는 녀석의 눈빛에서
출생의 비밀을 읽는다
남의 땅, 모든 걸 기분대로 배설해 버리는
코 큰 나라의 아낌없는 은총 속에
부화된 녀석의 컹컹거리는 숨소리
옆자리의 두 남녀는 벌써
버터 내를 검은 소다수로 정화해가며
피둥피둥 살을 찌워 놓았고
앞자리의 아이들은 입에 문 햄버거처럼
덥석 먹잇감을 자처하며
기꺼이 제단으로 달려간다
화면의 마지막 자막이 흘러내리기 전
끝내 군침으로 노려보던 녀석은

대부분 얘기가 그렇듯, 해피엔딩으로
살덩이가 공중으로 분해되어버렸지만
불이 켜지고 난 뒤, 세포분열이 마악 끝난
수많은 새로운 괴물들
대문을 밀치며, 또 다른 먹잇감을
사냥하려 눈을 희번득이고 있다

## 다시, 봄날에

저 높은 담벼락으로 걸쳐진
사다리에 매달려
엉금엉금 기어가는 봄을 보았다

탕.탕.탕.
점령군의 총소리로 기습하는
꽃샘추위의 날선 숨소리

비 한 방울 내리지 않는
기름기 없는 땅으로
여전히 먼지는 자욱하고

깊은 슬픔을 퍼다 버리면
훤히 드러나는 바닥
마침내 바람이 되었다

작은 솜털을 날려 보낸 그 힘이
살아남은 자의 몫으로 남아

노란 민들레 꽃잎으로 피어올랐다

숱한 날들의 그리움
하나 둘 저마다의 가슴 속에 묻고
피의 뜨거움을 노래해야 한다

흐르는 강물은
결코
바다를 포기하지 않는다

제2부

## 새벽, 지하철에서

삶의 터널은 비좁다

어둠의 긴 꼬리를
매일같이 붙잡으며
제자리에 앉은 일상들은
말이 없다

습관적인 덜컹거림에
몸을 내맡기곤
오늘 하루의 노동을 예감하며
낯선 얼굴로
서로에 다가설 뿐

더러는 메마른 활자에 매달려
혹은 짙게 주름진 보따리
한 움큼 쥐고는 땅 속 깊이
아슬한 운행을 시도하지만
시대는 무신경하게

차창을 스쳐갈 뿐

삶의 터널은
여전히 비좁다

## 고목


온천동 산업도로변의 한 고목이
문득 말을 걸어왔다

남루한 먼지를 뒤집어쓰고서는
취해 흔들거리는 그림자에게
귀향의 여비를 부탁했다
가지 마디마디 생채기가 비릿하게 아려올 듯
땅 속 깊숙이 수액을 게워내었지만
이제 틔워 낼 꽃잎은 이것뿐이라며

오월 밤하늘의 수놓은 향연은
행인들의 탄성으로 거래되어가고
부풀어 오른 만큼의 현수막
오늘을 추켜세우고 있는데
점점 충혈되기 만한 깡마른 눈동자
먹먹히 도망쳐 나온 길로 머물러 있다

몇몇 남은 벗들은 여전히

만개할 노동을 꿈꾸며, 칼날 같은
연좌를 시도하고 있지만
서둘러 비겁해진 낡은 한 손
움켜쥔 몇 장의 차비만 수은등 아래
처연히 비쳐올 뿐

결코 그를 태워 줄 통근 막차는
오지 않았다

## 어느 촌지

그날, 낡은 오천 원 권짜리 한 장
머릿속에 꼬깃꼬깃 접혀진 채로
잊혀지질 않았다
집 나간 손주를 위해
얇은 습자지 같은 아비를 대신하여
불려온 교무실
이태 동안 사라진 엄마를 불러보지 못한
설움이 차곡차곡 쌓였다며
모두가 당신 잘못이라며
연신 고개를 조아리는 그 할머니 앞에
첫담임을 맡은 나는 그저
어정쩡한 낙관으로 일관했다
곧 돌아오겠지요, 라며 맞잡은 손
불쑥 들춘 치마 속곳사이로
꺼내든 촌지 한 장
짜장면 한 그릇 사 드이소, 라며
짠한 고마움 하나가 한사코
만류하는 손을 미안하게 했다

그날 저녁, 난 동료들과 회식을 하고
도심 번화가 지하 노래방
걱정 없이 마이크를 잡으며
까마득히 알콜에 흡수되어 갔고
귀갓길, 심야 택시 안
딱 한 장 밖에 남지 않은 지폐에서
그 할머니의 마음을 결국
확인할 수 있었다

## 천국에서의 마지막 날

한 발 한 발 천국으로 가는 계단을 밟는
그는 행복했다

땅끝 지문을 미세하게 쓰다듬는 지팡이의
파열음이 유일한 벗이긴 하지만
자그만 머리로 생의 부채負債를 부축하며
차근차근 발걸음 수를 일러주는 목소리 있어
오늘마저도 그는 창조주의 은혜를 찬양할거라 했다

누구는 더러 등 굽은 낙타라
황량하게 그를 읽어가고
누구는 제 눈 감은 줄 모른 채
세상의 빛에 버림받은 동정을 담아가지만
여전히 낡은 앰프로 울려오는 유행가는
축복을 전하듯, 은전 몇 닢으로 환전되어가고
일용할 양식을 수확한 기쁨에
혀끝으로 달라붙는 배기가스도 달게만 느껴진다

오고야 말 땅거미는 기어이 오가는 사람들의 입에 물려져
침묵으로 떨던 현수막 한 귀퉁이 힘없이 투신하고
후두둑 빗소리에 한 떼의 비둘기들이
떠나야할 만큼의 거리를 재고 있는 사이, 벌써
내일을 다녀온 그는 이제 젖고 있었다

더는 그의 얽은 얼굴 틈으로
소중한 이의 눈동자 비춰줄 수 없는지
곧 철거될 그의 생을 타진하며
끝내 그 자릴 비워내지 못하고 있다

## 지하 주차장

그 구토물, 오늘도 제자릴 지키며
마른버짐처럼 온몸을 비워가고 있었다

몇 달 전 개운치 못한 기억들을 또렷이 움켜잡고는
으슥한 지하 주차장
하루에 지친 매연이 회칠한 벽을 헤집을 때도
더욱 뿌리를 내리며, 찬찬히
나를 뜯어보는 것이었다

흐느적거리는 서른 말미의 생이
불안에 떨며 알코올에 희석되어가던
내 그 속마음을 꼭 확인해보고 싶었던 어느 날
누군가는 그게 나이테 하나 둘 그어질 때마다
피어나는 공허라고도 하였지만,
아내에게도 들키고 싶지 않았던 몇 개의 부끄럼
꾹꾹 숨을 틀어막다 기어이 터져나오고야마는
연이어 나도 모를 더 깊은 슬픔들이
철퍼덕, 하며 그만 바닥을 치고 말았던 것이다

시큼한 그 시간들은 두말없이 흘러가버렸고
오늘에서야 몸조차 돌릴 수도 없을 만치, 급작스레
다시 맞닥뜨려버린 지금
얼마만큼 내 속마음도 변해버린 탓일까
어색한 그 마음을 결국 치우지는 못한 채
떫디떫은 그림자만 한 줌 남겨둔 채
슬그머니 그만 돌아서버리고 말았다

## 자판기 女子

딸깍, 딸깍
두 번의 캄캄한 울림 끝으로
갓 벌초를 끝낸 봉분 같은 女子
일어선다
까칠까칠한 땡볕을 이고
관절 마디 뚝. 뚝. 끊어지는 인사를
구두코 앞으로 쏟아내며
나의 집게손가락을 집요히 훔쳐 낸다
아무런 의심 없이 떨어지는 종이컵
한. 잔. 주. 세. 요.
나를 보지만 나는 사라진 눈빛으로
달콤한 그 맛 즐기려
씁쓸한 뒷그림자는 잊어버린 채
손을 내민다
떤다
엎질러진 뜨거운 김이
제자리에 주저앉힌다

대기한 다음 손님의 자판기 버튼에
女子는 다시
움직이기 시작한다

# 선물

그해 봄이 오기 전,
건네 준 시계 하나가 생각난다

항상 녀석의 시간은 부정맥이었다
띄엄띄엄 하얀 종이 같은 치매의 흔적들이
그의 시간 속에 자리했다

찾을 수 없는 엄마의 자리와
벽에 기대 지루하게 살아내야 할
아비의 그림자가 한번씩
그의 시간을 멈추게 했다

잔업에 지친 누이는
도시락 한번 제대로 싸지 못하고
그럴 때마다 학교 점심시간,
슬그머니 사라져 수돗물로
자신의 시간을 이어갔다

교실에 자리한 제 유일한 의자를
한 번도 비우지 않고
한여름의 엉덩이 땀띠로 대신하며
어른들의 빈자리를 꼭 지키겠다는
당찬 슬픔이 입술을 깨물며
그의 시간을 버텨내게 했다

첫눈이 내리고 날아든
지방의 국립사범대 입학 소식
처음으로 그를 웃게 만들었고
마악 봄이 필 무렵,
녀석의 왼쪽 손목으론
제때 시간을 견인해 가라는
시계 하나가 슬쩍 채워졌다

## 찜질방에서 고해를 하다

야근수당을 받는 날이면, 가끔씩
서른 날을 틀어막았던 한 줌의 숨을
동네 어귀 서낭당의 새끼줄처럼 풀어 놓네

내 생의 절반보다 더 많이, 손가락으로
사람들의 생을 짚어왔다는 그 주술사에게
남루한 그림자 맡기며 또 고해를 하네

세상일들이 모두 머리로만 모여요
지끈지끈 눈까지 굳어 와요
오히려 가까운 사람들이 뵈지 않아요

심장이 펄떡펄떡 뛰지 않아요
그 옛날의 뜨거움이 정지된 듯 해요
아예 몸 가누는 것조차 귀찮아져 와요

꼿꼿하게 서서 걸을 수가 없어요
나를 지탱해 줄 백두대간이 끊어질듯 해요

*차라리 등 구부린 발걸음이 더 편해요*

죽비를 내리치듯, 순간
정수리 쪽으로부터 타고 오르는 전율이
힘든 나의 기억들을 하나하나 호명하며 눌러버리네

목덜미를 지나 등 허리 쪽으로
몇 개의 경락과 혈자리와의 수신을 시도하며
능숙하게 나의 보속을 대신해 주네

새로이 태어날 거라는 설렘이
몇 만원의 복채에 저당 잡혀, 다시
서른 날 뒤의 기약을 습관처럼 다짐하네

## 창선대교


먼 바다로 육지들이
필사적으로 도망을 치다
점점이 떨어뜨려 놓은 주검들

새로이 환생하여
뚜벅뚜벅 걸어오는 파도에
거칠게 둥지를 틀었다

물새는 그 분신들 지키려
분주히 날아다니고
짠한 바람도 여린 속살까지 다독이는데

세상은 역시나
한 치의 오차도 없이, 모두를
일렬로 꿰매어 놓아버렸다

달아날 곳도
그 힘마저도, 전부

꽁꽁 묶어버린 채


* 창선대교: 경남 사천과 남해 섬을 잇는 여러 개로 이루어진 꽤 긴 다리

## 행복한 목욕탕

샤워꼭지의 물줄기는 여전히 건강하다

기름기 빠져가는 퇴적된 생
귀가 순해진다는 화두를 붙잡고
젖은 수건으로 명상을 한다

욕탕 같은 수원지를, 이른 새벽
해가 뜨고 지는 방향으로 순례하다 보면
소금기어린 추억들은 이슬처럼 매달린다

한 번도 자신들을 위한 발자국을
찍어보지 못한 나날들

조금씩 휘어지는 등은
세월의 각질처럼 굳어져 가지만

동심으로 가득찬 대공원 숲길을 나서면
탁탁, 지팡이를 좇아 드러나는 그곳은

부뚜막 위로 어머니의 손길이
찰랑거리는 물소리로 와 닿는
영육이 깨끗하게 표백되는 행복한 소도蘇塗

꿈꾸듯 유년의 알갱이 하나 물고는
귀향하는 마음으로 모두들 모여드는

할인된 생이지만, 여전히
수도꼭지의 물은 콸콸 쏟아진다

## 자판기 토론회



짙은 어둠을 지워나가며
자판기는 오늘도
사회를 맡았다

몇 푼의 은전으로 교환된
발언권을 만지작거리며
둥글게 모여선 패널들도
후후, 하루를 논의한다

똑같은 자리, 늘 보아온 토론회지만
초대된 순서에 따라
살아온 자국들은 모두 달랐다

낡은 오토바이로 항상 일찍 입장하는
남들의 신용을 하얀 봉투로
일일이 선물하던 그가 먼저
말문을 연다

노란 봉고차로 노란 꽃을 피워 올릴
어린 싹들을 태워 다니는
또 다른 그는 조심스레
그의 말을 지지하였다

건너편 자리, 취객이 성토한
어젯밤의 질문이 흥건히 여물어갈 무렵
몇몇 비둘기들이
낯선 평화를 콕콕 찍어먹을 무렵

검은 벤츠의 소파에 깊숙이
몸을 내맡긴 골프채 가방 하나가
쏟아내는 거친 반론, 또한
만만찮았다

자판기는 여전히 말이 없고
발언권만 남발한 채, 또
내일 토론을 준비하고 있을 뿐이다

# 한 그루 나무가 있다
—'말과 여백' 서른 돌을 맞이하여

사범대 앞 솔밭에는
한 그루 사유하는 나무가
있다

한 뼘의 말을 채우기 위해
뿌리는 땅 속 깊이 가부좌를 틀고
여백의 짙은 시간들을 품고 있었다

가끔씩 한낮으로 마실 나온 비둘기에
한없이 제 몸을 맡겨두기도 하고

안개처럼 나돌던 달빛에 취하여
흘려 놓은 그림자를 찾으려다
청춘남녀의 풋사랑을 훔쳐보기도 하며

어김없이 새잎이 나고 질 때엔
몇 줄의 시로 세상을 안으려는
젊은 시인들의 치기까지 읽어가다가

더러는 매캐한 최루가스에 숨을 틀어막으며
먹다버린 누군가의 막걸리보다 더 시큼한
시대의 절망과 분노를 맛보기도 하면서

사범대 앞 솔밭에는, 지금도
한 뼘의 말과 짙은 여백을 위해
서른 해째 사유하는 나무 한 그루가
서 있다


* 말과 여백: 모교의 시 창작 동아리

제3부

## 60으로 고해하기

백두대간의 괄약근 틈사이로
나는 매일을 넘나든다

운전대를 잡은 손끝으로 전해지는
단 1분간의 해방구

혼자만의 방음된 시간 속으로
가슴 밑바닥 쌍끌이로 건져 올리는
시대의 길들여진 잔해들

한껏 소리 높인 목청이
엔진소음마저 살라먹는 이곳은
시원한 어둠의 제의祭儀

  한 집안의 장손으로, 국민교육헌장을 달달 외워야 했던 아이로, 시험 문제 하나하나에 생을 걸어야 할 사춘기 소년으로, 혹은 최루가스로 하얗게 눈 한번 뜨지 못한 청년으로, 어린 피붙이들을 위해 제 목소리 한번 내지 못한 가장으로

남북으로든 동서로든
늘 이어져온 막다른 출입구

백두대간의 미끈한 괄약근 틈새로
매일같이 나는 나를 지우는
혁명을 시도 중이다

## 물구나무 서기

거꾸로 매달려
철봉에 걸려있는 하늘을
보았다

모두들 제 몸의 무게로
감당키 힘든 땅을 떠받치고
주뼛 선 머리로 애써 옮겨 다녔다

몇몇이 발을 놓을 때마다
불편하게 세상은 흔들리고
불온한 듯한 멀미가 밀려왔다

저만큼, 화단의 베고니아 꽃잎
연신 파리하게 입술을 말리고
까치 한 마리 허연 배 뒤집은 채
바짝 긴장한 떡갈나무를
버둥거리며 이고 있다

교실 밖으로 몰려나온 아이들이
쏘아올린 축구공 하나, 마악
분수처럼 뿜어내는 빗방울에
모질게 두들겨 맞는다

곤봉처럼 맵게 아려오는 무르팍
두 눈 흥건한 물세례에
버티기 힘들 때
달려 나온 딸아이 서둘러 기다렸다는 듯
급히 제자리로 되돌려 놓았다

## 미안함에 대하여


단 한 장의 만 원 권을 건네고
거슬러 받아야 할 여러 장의
그 지폐에 미안하다

저녁 불빛이 켜지고
맵쓰린 바람이 하혈하는
수정역 입구, 불안하게 포장을 친
그 한 끼의 뜨거움에 미안하다

세상에 태어나 그리운 이
한 번도 호명하지 못한
언제 쫓길지 모르는
풍성한 식탁으로 초대하는 부부의
여린 그 손짓에 미안하다

새벽을 서두르며
싱싱한 야채를 보듬고
떡쌀 담근 방앗간을 기웃거리며

숙면을 취한 고추장 양념을
새로이 환생시킬 두 사람의
맛난 노동에 미안하다

얼마 되지 않을 이문에도
웃음을 버리지 않고
툭툭, 불거지는 관절마디로
꼬마손님까지 채워주는 한 종지 사랑
쉽사리 은행인출기에서 꺼낸
나의 자본과 맞바꿔지는 그 역설에
더욱 미안하다

# 바다

움직이지만
움직이지 않는

하늘을 닮았지만
발 담글 수 있는

낮아, 너무 낮아
모든 것 다 받아주는

## 변방은 여전히 평안하다
―황령산 봉수대에서



먼 옛적, 나라의 화급한 일이 생기면
맨 먼저 목멱산으로 제 목소리 피워 올리던
산봉우리 굴뚝 위로
멧비둘기 한 쌍, 느릿느릿
세월을 부리고 앉아 있다

콕콕, 찍어먹어야 할 시대의 아픔들은
저 멀리서 속속 불땀으로
하나 둘 번져 오르려 하는데
귀를 막은 그 날갯죽지 사이로
미동 없는 그림자만 유난히 짙다

다섯 화구엔 급한 마음으로
불을 댕겨야 할 마른 장작 대신
차가운 빗돌들이
체념한 듯 바람을 퉁기고

도별장과 봉군烽軍들은

어깨를 견주는 부산포와 해운포의
수려한 눈요기만을 남겨둔 채, 이미
유물 표지판 속으로 사라져 버렸고

위급한지 모르는 변방을
그저 공중파 첨탑 세 개만이
자본의 높이만큼 뾰족 솟아
화려한 손짓으로
눈먼 백성들과 은밀한 거래를 하고 있을 뿐

멧비둘기 한 쌍, 여전히
세상이 평안한지
봉수대를 온몸으로 점령하고 있다

## 시집에 대한 단상


언젠가 새벽녘까지 잠을 청하지 못하고
부끄럽게도 나의 시집을 꺼내든 적이 있다

나랏돈을 일부 타 내어, 적절히
생을 포장해 한 권의 책으로 탄생시켰지만
읽는 내내 지문에는
종이의 전생들이 묻어났다

따뜻한 햇살과 맑은 빗물이
튼튼한 고요를 만들고
더욱 뿌리를 내리는 만큼 늘어나는 나이테
짙은 그늘을 거느린 나무들의 이력이
결국 루비콘 강을 건너고 말았고, 새들은
나비들의 애절한 날갯짓에 만가를 불러야했다

환생한 시집은 간혹 지인들에게
세상을 또박 또박 읽어가는
마우스 패드가 되기도 하고,

뜨거운 냄비를 받쳐주는
한 끼의 든든한 식탁이 되기도 하고,
하루의 고단함을 털어내는 베갯잇도 되고,

제본된 나의 시는, 다행히
지금 보속補贖 중에 있다

## 여린 실연

첫사랑 뒤엔 늘 지독한 사막의 길을
횡단해야만 하는가

이른 황사로 더욱 어두워진 교정을
무작정 뛰쳐나가는
봄을 닮은 한 어린 영혼

지난날을 애써 아름답게 덧칠해가며
슬리퍼엔 몇 점의 눈물을 매달고
조여오는 다급함에 온몸이 충혈 되어가네

입시를 앞둔 아이들은 이미
형광등 아래 개화를 시도하는데
사랑을 잃어버린 한 그림자
마악 사막을 건너려 하네

그리고 그때 보았네

그곳에도 꽃은 피어난다는 것을
가시 돋친 줄기지만, 스스로
싹을 틔워 올릴 수 있다는 것을
짠하게 일러 주었네

그날 학교 담벼락엔
선인장 한 송이, 환하게 피어났네

## 知己를 보내며

그대 떠나갔네
빛의 동산에서 강산이 두 번 바뀐 자리
이렇게 한줌 재로 우리들만 남겨놨네
그대의 육신이 마지막 이 땅을 떠나던 날
하늘로 가는 길은 아침 햇살에 환했고
뜨거운 불 앞에 흠칫 눈물을 멈추고는
죽음이 삶의 마침표가 아니란 걸 알아야 했네
꼭 한 달 전, 가쁜 숨 속에서도
작은 문자로 보내왔던 당신의 희망은
아직 내 마음 속 깊이 묻어있는데
매정하게 돌아서버린 그대, 기억하는가
함께 교단을 처음 디뎠던 시절
은행아가씨들과 미팅을 하며 즐거워했던 일을
감히 문무왕이 지켜보는 바닷가에서
종이술잔이 뚫어지도록 젊음을 부었던 객기를
그대 추억하는가
평생의 짝을 만나고 첫아이를 낳고
특유의 웃음으로 생의 행복을 느끼던

머쓱하지만 늘 존댓말처럼 제자를 대했던
모든 것에 惑함이 없는 나이
살아온 날 만큼 더 살아야 할 자리에
그대 결국 떠나갔네
당신이 그렇게 좋아했던 맥주의 거품처럼
이제 아름다운 비행을 시작하게
그리고 주님의 품 안에 영원한 안식 얻길 바라네
야고보, 그대 잘 가게

## 시간을 교환하다


앞만 보며 달려온 시간들이
끊어졌다

아니, 정확히 말해
이를 지탱해온 끈이
떨어졌다

째깍째깍 초침의 동력은
기운을 잃고, 나를
로터리 지하 낯선 곳으로
떨궈놓았다

약속시간을 꼭 지켜준다는
도시철도 역사 입구
앓는 시간들을 돌보아온
늙은 돋보기는 천천히, 나를
진찰하기 시작했다

쇼윈도를 지나 계단모퉁이로
짙게 퇴적되어가는 사람들의
발걸음을 하나 둘 호명하며
멈춰버린 누군가의 심장을
다소 지겨울 듯한 손놀림으로
꺼내들었다

핀셋 사이로 바들바들 떠는
흘러온 시간들, 문득
어지럼증을 호소하며 말을 삼키고
나만의 세월만큼 죽비를 치듯
거칠고 뭉툭한 손마디에
분침은 시침마저 견인하며, 밤은
새로이 익어갔다

# 섬. 1
―그 해 여름날

그리움이 깊어
강물을 이루고

한 시인은 울어
바다를 메웠다

그 위로 우리들이 엎드려
섬을 만들었다

낯설은 정기선
제 길을 잃어버리고

그 해 여름은 길기만 하였다

# 섬. 2
―소매물도에서

한 줄의 詩를 낚으러
그대에게 달려갔다

덜컹이는 차창에 몸을 맡기고
더는 맨발로 갈 수 없기에
흰 파도에 실려, 동백이
제일 먼저 눈물 흘린다는 곳으로

가끔씩 모세의 바닷길이 열리고
어두운 해풍, 앞장 서 밝혀주는 등대가
장승처럼 서 있는 그 곳

뭍은 여전히 안개에 잠기어
풀리지 않은 세월을 엮고 있고
숨 막히는 역사는
도돌이표만 찍고 있는데

쓴 소주 한 잔에 해녀들이 길어 준

희망을 밤새 안주로 뒤척이다
한 줄의 詩도 건지지 못한 채
그대만 덩그러니 남겨두고 왔다

# 섬. 3
―시집 『섬에 오는 이유』를 읽고



시집을 뒤적거리며
남도의 섬들을 건너뛰고 있다

새지 못한 밤들이 살아
두 눈알 굴리며 기웃거리는
수평선 너머
나로도
추자도
마라도
듣기만 하여도 아름다운 이름들

바다에 미쳐
파도가 되어버린 시인이
부쳐온 소금기 어린 전설들
말[言]이 되어 뭍으로 뛰어오르고
평생을 살아온 섬 집 아기의 모습에
지나는 물새도
울음자국을 남긴다

흔들리는 백열등 불빛에 매달려
여전히 나는 떠나지 못하고
다만
한 시인만을 그리워하고 있었다



\* 섬에 오는 이유: 이생진 시인의 시집

## 안경이 항해하다

몸의 한 조각이 나와의 결별을
선언했다
삼 년 간의 꼼짝없는 체취에 질려버렸는지
이번엔 단단히 벼른
모양이다
파도에 실리어 낯선 세상으로의 항해를
시도하겠다는 그 갑작스런 통보로
작열하는 여름의 햇살마저 현기증을
토해낸다
반짝이는 유리알 저 너머, 여전히
함께 했던 나와의 흔적들이
저장되어 있다
유통기한이 지난 이데올로기의
건조한 고집이
발바닥 굳은살 같은 의심이 만들어낸
몇 개의 분노가
생의 유쾌함을 단 한 번도 가볍게 낚지 못한
소심함과

지난날로만 뿌리 내리려는 접착성이
뫼르소가 당겨버린 총탄의 속도 마냥
관찰된다
옆에서 물장구치는 딸아이의
걱정스런 재잘거림을 뒤로 하고
소금기어린 물로 깊은 세례를 마친 뒤
기어이 나의 항구에서 닻을
올렸다
먼 바다로 떠나려는 설렘이 작별의 순간마저
증발시킨 것이다
잘 가라, 안경

\* 뫼르소 : 알베르 카뮈의 소설 『이방인』의 주인공

## 장승등대는 안녕하다


이곳 연화리 포구엔
시퍼런 짠물과 싸우다 일어날
불확실한 확률의 액운厄運을
든든히 방어해 줄 장승이 안녕하다

흑백 진공관 TV 너머
늘 세상을 구원해 주는 로봇처럼
어린 시절의 카타르시스를 녹화하며
푸른 물이 두 갈래로 나눠지듯 드러나는
저 기운 센 천하장사의 위용

등을 기대고 두 얼굴로 마주 선
비녀를 붉게 꽂은 지하여장군은, 으레
서툴게 출항하는 배의 이물 위로
성스럽게 걸리곤 하고

먼 바다를 향해 경계를 서는
굳게 입술을 다문 천하대장군 앞으론

귀향을 서두르는 목선의 엔진소리가
비로소 고요해져 온다

미역이 금줄처럼 널려진 연화리 입구,
우뚝 솟은 두 장승은
생의 등대처럼 눈을 껌뻑이며
오늘도 여전히 안녕하다

제4부

## 고래를 꿈꾸며

푸른 힘줄이
저 멀리 맞붙어 있다
아슬한 경계에서
귀신같은 물보라를 뿜어 올리며
사라진 단단한 자맥질,
시간의 긴 물살을 거스르며
오츠크해의 좌표를 입력한
우리들의 희망은, 여전히
수평선의 동맥처럼 팽팽하기만 하다

## 그물

한 점의 바람은
아무 상처 없이
쳐 놓은 그물을 지나가지만
애꿎은 참새 몇 마리
걸려들어 퍼덕이다
깃털 몇 개 떨어뜨리고

한 움큼의 바닷물
소리 없이
그물코를 쏘옥 빠져나오지만
눈 먼 숭어 떼들
은빛 비늘을 털며
몸부림칠수록 더욱 엉켜버리고

그 그물 속으로
매번 걸려들어 허우적거리는
나를 생각해 보며
바람처럼 물처럼 되기를
가끔씩 꿈꾸어 보았다

## 나무들이 합장하다
―금정산 중턱에서


지금
금정의 나무들은 하지정맥류를 앓고 있다

둥글게 생을 그리며 제 몸 일으켜 세우는 만큼
바들바들 떨며 안간힘을 쓰는
저 뿌리의 힘들
뵤뵤하던 새떼들의 연한 고요가 사라지고
여전히 해는 그 자리에 시들어 버리자
어둠을 재촉하는 수많은 하산의 발걸음들, 유독
그 도드라진 실핏줄을 꼼짝없이 짓누른다
매캐하게 기어오르는 안개는, 슬며시
뱀처럼 달라붙어 하나 둘 살갗마저 조여 오는데
순간 갈가마귀 한 마리 날아오르고
기다렸다는 듯
굴삭기마냥 파헤치며 달려오는 네온불빛

금정의 나무는 더 이상 서질 못하고
정한수 금샘에 떠놓고 무병장수를 기도 중이다
모두 입술을 깨물며 합장 중이다

## 다솔사 해우소

묵은 근심을 내려놓는 만큼
맑은 적막의 깊이도 더하다
제 몫을 다해온 나무의 연륜만큼
서로의 경계도 사라진다
네 칸씩 짝을 이룬 대칭의 역사,
수많은 중생들을 거느려온
절집의 서늘함이 외려 경건하다

독립된 조국을 꿈꾸었던 만해도
소신공양을 붓으로 써내려간 동리도
모두 이곳을 찾았으리라
한때 어둠 깊숙이 찔러 넣은
죽분竹糞이 만들어낸 역설의 물,
모진 세월에 상처 입은 영혼을
더러 살려도 내었으리라

뻐꾸기 소리 솔향에 발효되는
고즈넉한 오후

쪼그려 앉은 두 가랑이 사이로
생의 경건함은 묻어오고
순간 자유낙하 하는 마음 하나,
화합하지 못한 뱃속에서의 보속으로
슬쩍 공양을 시도한다

## 물고기로 꿈꾸다

보름달이 가끔씩 뜨는 날이면
동네 목욕탕은 작은 호수가 되네

인적이 드문드문 말라 갈 즈음
무거운 그림자 걸머지고 들어오는 사내가 있었지
부려놓은 생의 짐을 한 올 한 올 벗겨내며
손가락 끝으론 울고 있었지
이윽고 물속으로 풀어 놓자
찰랑찰랑 헤집는 소리 위로 한 마리 물고기가 태어났네
두 다리가 퇴화되어 만들어낸 꼬리지느러미
새까맣게 엉덩이로 걸었던 기억을 지워가면서
비로소 환하게 유영을 하네
톡톡, 어린 아가미로 터져 나오는 즐거운 비명은
풍경 소리로 메아리쳐 오고
창틈을 엿본 달빛은 엷은 너울에 제 몸을 실으며
먼 바다를 꿈꾸게 하였네
한 번도 육지에 서 보지 못한 물고기를 위해
사내는 짜디짠 물 한 방울 더 보태었지

늘 그날 밤이면 하늘엔
물고기자리 위로 은하수가 흘러넘치곤 하였네

## 심야 라디오




폭음한 그날은, 간절히
무언가를 바라는 이유가 있어서 일게다

인경을 넘어 구겨진 구두 뒤축을 숨기며
돌아누운 아내와 고요를 꿈꾸는 아이들 몰래
전파와 접선을 시도한다, 서둘러
기다리는 주파수들은 술잔 속에
더 큰 갈증을 발효시키고
녹슨 하루를 세탁할 목소리
애써 찾으려 하는데

분명 채널 속엔
세상과 연결할 통로가 있을 법한데
온통 일용할 양식에 감사하는 기도만이 전부
기다려도 자정을 넘겨도
자본의 입맛에 길들인 광고들
찬양하는 그 노래와 설교는
결코 마르지 않고

폭음한 그날, 진정
간절해 오는 건 그저 사람의 온기 뿐

## 우리 시대 타잔


타잔을 보았지

옷 하나 걸치지 않고 맨몸으로
적의로 번들거리는 야수들 눈빛 위를
고함 크게 내지르며, 유유히
정글을 가르는 타잔을 보았지

이 밧줄을 타면
이내 다음 밧줄 기다리고 있어
높다란 나무 사이를 날렵히 나르는 타잔

외로울 땐 사랑하는 여인 제인이 있고
곰살맞은 동무 치타도 옆에서 재주를 피우는
행복한 사나이

비록 어려울 때라도
한 번의 목청으로 코끼리 떼 몰려와
부랑한 악당 물리치는 밀림의 왕자 타잔을

어린 시절 흑백의 기억 너머 보았지

그리고 지금, 우리 시대의 타잔은
하나 있는 밧줄 움켜쥐고
어디로 갈지 몰라
바들바들 떨고 있지

제인도 치타도
코끼리 떼도 없는 이 밀림 한가운데에서

## 고향 이발소

고샅길을 따라 돌아가는
물동이가 있다
철 지난 유행가 가락에 맞춰
찰랑찰랑 넘칠 듯
풋내 나는 순정을 담고
지는 벚꽃 잎으로 온몸을 가리우고
쫓아오는 옆집 강아지의 그림자에
속치마 잘근잘근 끌다가
흙담에 기대어 휴우, 눈 흘기는
볼이 발그레한 그 여인을 보러
오늘도 나는 머리를 깎으러 왔다

# 구관 108호에서 촘스키를 만나다
―언어학 개론에 부쳐


낡은 감색 외투를 두르고, 그는
4월 햇살 잘게 부서지는 오후 창가에 앉아
천천히 수형도樹型圖를 그리고 있었다

안개처럼 떠도는 세상의 말들을
하나하나 조각내어 가지 끝에 매달고
문법 같은 생을 꿈꾸라며, 그는
늘 새내기인 우리들에게 주문했다

태어나기 훨씬 전으로 각인된 시대의 낙서가
유물처럼 발굴되는 헌 탁자 위로, 우리들은
그의 심층구조를 면회하러 다녔고
번번이 알 수 없는 의문표만을 찍어대다, 결국
각자의 표면구조 속으로 빠져들곤 하였다

봄의 크기만큼 숱한 그 몸부림들은
가끔씩 후문 지하 흐린 주점의 한 잔 술로
달콤한 꿀물들이 위로하는

한 점의 호떡으로, 맞바꿔보기도 하였지만
여전히 몇 년을 벼르다 지친 시간을 깨우는
매미소리와는 팽팽한 거리감이 있었다

세월의 더께가 몇 번의 변형규칙을 거쳐
묵직한 그림자로 퇴적되어가는 지금
결코 그 낡은 감색 외투를 벗어
입혀주지 않을 것 같은, 그는
이제 우리들의 영원한 신화가 되어
서른 해째 추억처럼 구전되고 있다

## 엄마의 도마

엄마의 도마는 여전히 진화하고 있다

내 어린 눈이 깜빡거리며 도마 위를
오르내리는 부엌칼과 엄마의 손을 바라볼 때
엄마의 도마는 음악처럼 태어났고, 난
낮은 담장의 채송화를 바라보다
밤하늘의 별 하나쯤
도마 위에 살짝 올려놓곤 하였다

별별식당 주방에 입성한 엄마의 도마는
하루도 쉴 틈 없는 부쩍 바빠진 칼놀림에
하나 둘 생채기가 났고, 그때마다
별똥별이 긴 꼬리를 물고 터져 나오는 한숨을
소리 없이 연주하며 떠나갔다
간혹 몇 개의 눈물방울이
도마를 위로하기도 했다

아버지의 실업이 텅 빈 호주머니를 만지작거리게 할 무렵

다섯 식구의 입은 고스란히
엄마의 도마를 향했고
한 그릇이라도 더 국과 밥을 지어내어
이문을 남겨야하는 절박함이
지독한 속쓰림과 관절의 통증을 잊게 하였다

가벼운 바람에 쓰러진 남편의 그림자를
끝까지 일으켜 세우며, 홀로
차가운 눈비 번갈아 맞으며 더욱 단단해진
엄마의 도마, 그 위로
우리는 쉽사리 학교를 다녔고
행복한 짝을 얻었다

이제는 물러지고
네 귀퉁이마저 닳아 없어진 엄마의 도마,
성당의 종소리에 맞춰 그래도 쉬지 않고
낡고 배고픈 영혼을 위해
한 끼 일용할 식사를 준비하느라 분주하다

별 하나를 닮아가는 엄마의 도마는
여전히 진화 중이다

## 새우깡

남은 불씨의 힘으로
웃으시며 우리 헤어지자고
아비의 손을 붙잡다 놓쳐버린 할아비는
할매의 서러운 울음을 뒤로하고
기어이 떠나가셨다
평소 그렇게 따르고 좋아하셨던 주님 곁으로

갈 길은 멀기도 하지만
그 폐는 아직도 아파 힘들었을 텐데
연신 피붙이들이 몰려들고
부산히 울음을 지펴낼 때
해도 슬픈지 얼른 저물어 버리고
어둠이 '謹弔'등을 더욱 밝혀줄 무렵
어린 동생과 나는 서둘러 아랫방으로 유폐되었다

할아비가 보고 싶어, 우리들은
먼지 낀 거울 속으로
삼베 옷 입은 칠십 평생의 모습을 그려 넣고

아껴 아끼어 먹은 새우깡
선뜻 꺼내 드렸지만
말없이 받지 않으시는 당신을 보며
소리 나게 펑펑 울기만 했다

## 아버지의 화단

아버지는 정원을
들여놓았다
영육靈肉을 물려받은 그 집터에서
처음으로 화초를 심은 것이다
하얀 찔레와 몇 그루의 단풍나무,
아버지의 얼굴엔 꽃이 피어났고
어린 우리들은 성가셨다
TV속 프로야구를 흉내 내기엔
마당은 여전히 비좁았다
학교 앞 문방구, 용돈과 맞바꾼
공은 몇 번의 순간 이동으로, 결국
몇 개의 가지를 생채기내고 말았다
출타한 아버지의 웃음은 지워졌고
한 대의 뺨과 단 한 번의 붉은 코피로
그 죄를 대신했다
널브러진 가지처럼 앉은 나의 손엔
슬쩍 천 원짜리 지폐가 쥐어졌다
그리고 지금,

아버지는 찔레 같은 하얀 눈물을 삼키며
붉게 쓰러진 단풍나무 마냥
방바닥에 그 화단을 가꾸시며
계속 누워만 계신다

## 할머니의 실루엣

병원 뒷문 담벼락에 붙어선
앰뷸런스 한 대, 졸고 있다

거친 숨을 뒤척이며
깜빡이는 보안등의 떨림처럼
오늘 새벽 일을 꿈꾸는 듯 했다

바짝 바짝 멎을 듯한 심장으로
딱 팔십 년 전의 첫울음을 인화해내 듯
봉암공단 응급실의 괴괴한 공기를 갈랐을 것이다

한 획 한 획 접힌 골목을 펼쳐낼 때마다
방점을 찍는 듯한 아픔들은
이리저리 몰려다니고
주름처럼 패인 긴 오르막을 오를 땐
빛바랜 흑백기억으로 연소되는
타이어의 창백한 파열음들

선뜻 피어오르지 않는 한 송이 햇살을
기다리지 못한 그 다급함은, 끝내
마지막 말을 꺼내지도 못하게 했을 것이다

은비녀 빼내면 스르르 풀리는
머리칼처럼 어둠은 잦아들고
삼베 옷자락 펄럭이는 바람 줄기
한 점 눈물을 별빛으로 두레박질 하는 동안

여전히 그 앰뷸런스 한 대
담벼락 긴 그림자에 입관하듯, 가만히
웅크리고 있다

해설

# 통민운화(統民運化)의 세상을 꿈꾸며

황선열(문학평론가)

1.

서정시의 본질이 주관적 정서의 표현이라는 점에서 개인이 기억하거나 경험한 현실의 문제를 비켜갈 수가 없다. 이 때문에 서정시는 개인의 경험 수치들을 다양한 방법으로 형상화한 것이라고 할 수 있다. 서정시는 그것을 드러내는 방법이 어떠한가의 문제에 따라 그 유형이 달라질 뿐이지, 그 내용이 개인의 주관적인 정서를 바탕으로 하고 있다는 것은 부인할 수 없다. 그런 점에서 서정시를 이해하기 위해서는 우선 개인의 정서가 어떤 방향으로 펼쳐지고 있는가를 살펴보아야 한다.

　이러한 정서의 펼침과 함께 생각해보아야 하는 것은 개인의 정서가 사물에 닿는 방법일 것이다. 동일한 사물을 놓고도 개인의 경험들은 각기 다르고, 그 사물을 바라보는 정서의 반향도 각기 다르게 나타난다. 이 때문에 서정시는 사물을 인식하고 표현하는 데 있어서 화자의 정서가 어떤 방향으로 나아가고 있는지를 살펴보는 것이 필요하다. 사물을 바라보는 시인의 관점은 여러 가지 층위로 나타나는 데 어떨 때는 사물을 주관적 정서의 상황으로 끌어들여서 바라보기도 하고, 어떨 때는 그 사물을 객관적 상황에 놓고 바라보기도 한다. 이 때문에 서정시에서 사물을 보는 관점은 동일성의 관점으로 나타나기도 하고, 차이의 관점으로 나타나기도 한다. 여기에는 시인의 정서가 개입되고, 시인의 기질을 드러내는 문체가 반영되고, 그 사물을 표현하는 다양한 방법이 나타난다.

　김요아킴의 이번 시집을 읽으면 사물을 바라보는 다양한 관점을 만날 수 있으며, 그 관점은 하나의 세계를 향해 열려 있다는 것을 확인할 수 있다. 이번 시집에서 많이 만날 수 있는 소재들은 현실의 문제들이다. 그는 자본주의 시대의 여러 풍광을 다양한 관점으로 바라보고 있으며, 이를 통해 그 현실을 비판하거나 저항하고 있다. 특히 현실로부터 소외된 사람들의 이야기들은 가슴 아프게 다가온다. 또한 그는 이러한 현실을 놓고 소시민으로 살아갈 수밖에 없는 자신을 성찰하고 있다. 그것은 현실의 문제를 바꾸지 못하는 시인의 자기반성이라고 할 수 있다. 이러한 반성과 성찰을 통해서 그는 현실에서 또 다른 희망의 세계를 꿈꾸고 있다. 이번 시집에서 만날 수 있는 가장 중요한 미덕은 현실 속에서 희망의 끈을 놓지 않는다는 데 있다. 그의 시는 부박한 현실을 딛고 일어설 수 있는 희망을 주고, 그 희망을 통해서 언젠가는 모든 생명들이 하나가 되는 세상을 꿈꾸게 한다. 그는 현실의 경계를 넘어서 더 넓은 세상을 향한 대양(大洋)의 꿈, 모든 생명이 함께 하는 대동(大同)의 꿈을 꾸고 있다. 이것이 이 시집의 희망이기도 하다.

2.

그의 시집에서 첫 번째 만날 수 있는 시들은 현대 문명과 자본주의의 폭력 구조에 저항하거나 비판하는 시들이다. 시인은 현실을 살아가는 사람이고, 그렇기 때문에 그 현실을 외면하거나 비껴갈 수가 없다. 이 때문에 이 땅의 시인들은 더러는 정치적 모순과 맞서기도 하고, 권력의 폭력성에 맞서기도 하고, 자본주의의 구조적 모순에 저항하기도 한다. 그는 우선 국가 권력의 폭력과 그 모순이 노정(露呈)된 현실에 맞서고 있다. 국가 권력은 모든 사람들에게 미치기 때문에 누구에게나 공평하게 적용되어야 하고, 사람들의 삶을 윤택하게 하도록 해야 한다. 국가 권력이 이 땅에 살고 있는 사람들에게 피해를 주어서는 안 된다. 그런데도 현실은 국가 권력이 사람들을 억압하고 있다. 이 때문에 그의 시는 국가 권력이 미치는 폭력성에 대한 비판과 저항으로 나타나고 있다. 그는 국가로부터 소외되거나 그 국가의 권력으로부터 피해를 입는 사람들을 측은지심의 심정으로 만나고 있다. 다음 시는 이러한 현실을 바라보는 화자의 비판적 인식이 잘 나타나 있다.

강정에서 불어오는 바람은 푸석했다

모든 진액이 빠져나간
만지면 곧 바수어질 듯한 분노로
상기된 살결을 스쳐 지났다

이미 접어든 올레길 너머로
곳곳에 뿌리박힌 만장들

시대가 피워 올린 모순에
흠칫 몸을 뒤틀며
지나온 섬의 가계를 더듬고 있다

어린 파도들은 여전히 구럼비바위와
철없이 숨바꼭질을 하고

강정천 내린 맑은 물은, 그해 4월의
통증을 애써 씻어내려 하는데

발밑으로 밟혀오는 노신부님의
낡은 마이크 소리

한걸음씩 딛을 때마다
진혼곡으로 변주되어 오고

아려오는 가시밭길, 잠시
길을 잃고 멈춰 서버렸다, 우두커니

―「강정에서 길을 잃다」 전문

이 시는 익히 알고 있는 제주도 강정 마을 사태를 다루고 있다. 이 시를 찬찬히 읽어보면, 오늘날 강정 마을 사태는 단순히 '오늘'

만의 문제에 국한되어 있지 않다는 것을 알 수 있다. 그것은 "강정천 내린 맑은 물"이 흐르던 "그해 4월"의 기억까지 거슬러 올라간다. 평화로웠던 제주 땅에 비극의 씨앗이 내린 것은 1948년 남한 단독정부 수립을 위한 5·10 총선에 반대하여 일어난 제주도 4·3 사건까지 거슬러 올라간다. 해방 후 조직된 자치인민위원회와 이승만 정권이 조직한 극우 세력과의 충돌은 제주도민 만 사 천명이 죽임을 당하는 비극적 상황으로 이어진다. 그는 오늘날 강정 마을 사태를 1948년 그 비극의 현장에서 무참히 무너지고 말았던 제주도민의 비극적 역사의 연장선상에서 바라보고 있다. 그는 강정 마을에서 제주도라는 섬의 비극적 역사를 측은한 마음으로 어루만지고 있다. 그가 바라보는 강정 마을 사태는 "아려오는 가시밭길"에서 길을 잃고 서 버릴 수밖에 없는 비극의 현장으로 다가오는 것이다.

　이러한 현실 인식은 노무현 대통령의 죽음을 애도한 시 「국밥 한 그릇」에도 그대로 나타난다. 노무현 대통령이 서거하고 난 뒤의 우리들은 어떤 모습으로 그 일을 반성하고 있는지, 그리고 어떻게 그를 기억하고 있는지를 살펴보면서 일 년 전, 노무현 대통령 조문 길에서 먹은 "국밥 한 그릇"에 담긴 잊을 수 없는 회한의 아픔을 떠올리고 있다. 그는 역사는 강물처럼 흘러가지만, 그 흐름 속에서 사회는 끊임없이 변화한다고 인식하고 있다. 이 때문에 그는 항상 "피의 뜨거움"을 잊지 말아야 한다고 말하고 있다. 이러한 현실 인식은 김해 대성동 고분군의 순장녀의 주검을 바라보면서 한진중공업 사태 때 고공크레인에서 309일 동안의 농성을 했던 김진숙 씨의 사투 현장과 자연스럽게 연결되기도 한다.(시 「순장녀」) 이러한 비판적 인식은 시 「사라져 버린, 10시」에서 정치적 현실의 풍자로 나타나기도 한다. 이 시에서 오전 10시는 '잃어버린 10년'이라고 말하던 당시의 정치 상황을 풍자하고, 평화로운 목욕탕으로 날아든 비둘기 두 마리는 이명박 정권의 폭력성을 빗대고 있다. 평화를 가장한 비둘기의 등장으로 평화롭던 목욕탕은 일순 혼란에 빠지고 만다. 이와 같이 그의 시는 모순된 현실을 다양한 관점으로 형상화하고 있다.

우리 뒷집 강씨 아저씨는
오늘도 연장통 챙겨 들고
새벽 별빛 받으며
집을 나선다

월남전 때
한 쪽 팔 잃어버린 대가로, 덩그러니
훈장 하나 달고 돌아와
무작정 뛰어든 생활 전선

치솟는 물가에 어림없는
보상비 모아
겨우 달셋방 마련하고
시작한 리어카 행상

온 동네 돌아다니며 과일이고 채소고
이문 남는 장사라면 닥치는 대로 했다는 그 시절
가난했지만 마음만은 부자였다는 그때를
목포댁 아줌씨는 아직도 그리워한다

한때는

불구가 된 신세 한탄하며
쪼들린 살림
술로 말아먹고

새빠지게 일해도 있는 놈 발바닥 밖에 빨지 못하는
이놈의 세상이 더럽다며
죽기로 결심한 날, 강씨 아저씨는
어린 두 남매 부여잡고 대성통곡 하였단다

떠돌이 공사판 막일꾼 수년에
이제 허리까지 다쳐버린 아저씨는
늘그막에 그래도
아들 녀석 때문에 산다 한다

빼앗긴 권리 되찾고
민주 노조 건설하자며
오늘도 피멍들어 오는 동규 녀석이
그렇게 믿음직스럽다 한다

—「외팔이 강씨 아저씨」 전문

    이 시는 월남전에 참전했다가 한 쪽 팔을 잃고 돌아온 강씨 아저씨의 삶을 형상화하고 있다. 강씨는 리어카 행상을 하며 살아가는 가난한 이웃이다. 그러나 불행하게도 강씨는 공사판 막일꾼 노릇도 하다가 허리까지 다친다. 이러한 불행한 삶을 살았던 강씨의 삶은 아들에게 되물림 되고 있다. 강씨의 아들은 민주 노조를 건설하자고 나선 노동자이다. 그러나 이 불행한 되물림을 바라보는 화자의 시선은 우울하지 않다. 비록 강씨 아저씨의 가난한 삶은 되물림 되고 있지만, 강씨는 그 아들이 하고 있는 민주 노조 활동을 믿음직하게 생각하고 있다. 강씨는 자신이 다하지 못했던 일을 하고 있는 아들을 보면서 새로운 열망에 부풀어 있다. 이것은 그의 시에서 소외된 사람을 바라보는 관점이라 할 수 있다. 그는 가난한 사람들을 측은지심으로 바라보고 있으면서도 긍정적 인식을 놓치지 않고 있다. 시 「돈에도 주민증이 있었다」에서는 어떤 할머니가 평생 모은 돈을 기부하는 일화를 통해서 일확천금을 꿈꾸는 사람들을 비판하고 있다. 사람들은 복권 파는 가게의 "미끈한 도우미" 탓도 아니고, "생을 역전시켜준다"는 광고 때문도 아니고, "숫자를 맞춰보는 떨림"때문도 아니라고 말하면서도 그 내면에는 일확천금의 허황된 모험을 시도하고 있는 것이다. 그는 이 시를 통해서 돈을 쓰는 것은 행방을 알 수 있는 주민증이 되어야 한다고 말하면서 돈의 진정한 의미를 밝히고 있다. 이 시를 통해서 그는 돈이라면 최고라고 말하는 현대인의 물질만능주의를 비판하고 있다. 비록 힘들게 돈을 모았지만, 다른 사람들에게 새로운 희망을 주는 할머니를 통해서 어떤 것이 아름다운 삶의 모습인지를 은유적으로 보여주고 있다.

> 사람들은 언제부턴가
> 제 말을 잃어가며
> 그저 살아 있다는 것만으로 감사해 하고
> 언제부턴가 나는
> 초등학교를 졸업하면서
> 더 이상 키가 자라지 않음을 알았다
>
> 가진 것 없는 아비의
> 저질러 놓은 자식농사에

뿌려놓은 눈물마저 거두지 못해
유년의 시절은 스러져 갔고
나는 자라지 않는 키만을 원망하며
푸른 하늘만 쳐다보았다

일 미터하고도 조금 더 되는
그 이상으로는 살아 보지 못한 반평생

세상을 알고부터는
더 이상 클 수 없다는 것을
크면 클수록
더 큰 무리들이 있다는 것을
아프게 배우면서
이제는 슬퍼하지 않게 됐다

닳아 없어진 세월 대신으로
튼튼한 새 굽을 끼워 주고
구두코 만지작거리며 이렇게
세상을 빛내 준다는 것이
축축한 거리, 지친 다리들
다시 일으켜 세우는 것이
나의 길 되어 버리고

오늘도 아래로 보는 것이 더 편한
내 키를 다행이라 여기며
큼직한 바늘로 천천히
인생을 엮는다

—「구두 수선공의 노래」 전문

이 시는 난쟁이 구두 수선공의 삶을 형상화하고 있다. 그가 바라보고 있는 낮고 소외된 사람들에 대한 관점을 잘 드러낸 시이다.

난쟁이가 아니더라도 구두 수선공은 바닥을 보면서 일을 한다. 이 시에서 난쟁이 구두 수선공은 "일 미터하고도 조금 더 되는/그 이상으로는 살아 보지 못한" 운명적 삶이기 때문에 더 비극적이다. 그는 난쟁이 구두 수선공은 다른 구두 수선공 보다 더 낮은 삶을 살 수 밖에 없고, 더 낮은 바닥을 보면서 일을 해야 할 수밖에 없을 것이라고 생각한다. 이 때문에 난쟁이 구두 수선공의 삶은 더 비극적으로 다가오는 것이다. 이러한 처지에 놓여 있으면서도 외려 "아래로 보는 것이 더 편한/내 키를 다행이라 여기며" 살아간다. 이것은 단순히 자신의 운명에 순종하는 모습이 아니라, 자신의 처지를 있는 그대로 받아들이면서 스스로 더 유리한 조건으로 만들어 가는 것이다. 그는 난쟁이 구두 수선공의 슬픈 운명을 다른 관점으로 바라보면서 긍정적으로 받아들이고 있다. 이와 같이 그는 모든 사람들이 자신의 운명을 극복하고 긍정적으로 세상을 살아갔으면 좋겠다고 생각한다. 비록 다른 사람들이 보기에는 처량해 보일지라도 그 길에서 자신의 운명을 스스로 개척해가는 것은 건강한 삶이라고 생각하고 있는 것이다.

이것은 시 「굿모닝 베트남」에서도 여실히 나타난다. 이 시는 굿모닝 베트남이라는 호프집에서 만난 베트남 노동자의 삶을 다루고 있다. 베트남 노동자는 한국 공장에서 일하다가 손가락이 잘리고 말았지만, 추억의 육십년대식 트로트 음악과 낡은 풍경은 그 노동자를 위로해 줄 것이라고 생각한다. 이 때문에 그는 "시장 골목 모퉁이 이층 단골집"인 그곳이 베트남 노동자가 떠나온 고향의 어촌 풍경과 같이 따뜻한 공간이 될 것을 희망하고 있는 것이다. 현실은 서민들이 힘겹게 살아가야 하는 공간이지만, 그 삶 속에서도 희망의 끈을 놓지 않아야 한다고 생각한다. 그런 삶의 모습들은 더러는 지하철을 타고 가다가 만나기도 하고, 가스통을 매단 체 도로를 질주하는 배달원의 모습에서도 만나기도 한다. 앞만 보는 경주마의 눈빛으로 달리는 가스배달원은 "제 때 점화시켜야만" 겨우 살아갈 수 있는 처지이지만, 희망을 가슴에 품고 살아가는 따뜻한 이웃이기도 한 것이다.(시「무법자」) 이 때문에 그의 시는 다른 어떤 시들 보다도 따뜻하게 읽히는 것이다.

    삶의 터널은 비좁다

    어둠의 긴 꼬리를
    매일같이 붙잡으며
    제자리에 앉은 일상들은
    말이 없다

    습관적인 덜컹거림에
    몸을 내맡기곤
    오늘 하루의 노동을 예감하며
    낯선 얼굴로
    서로에 다가설 뿐

    더러는 메마른 활자에 매달려
    혹은 짙게 주름진 보따리
    한 움큼 쥐고는 땅 속 깊이
    아슬한 운행을 시도하지만
    시대는 무신경하게
    차창을 스쳐갈 뿐

    삶의 터널은

여전히 비좁다
—「새벽, 지하철에서」 전문

이 시는 비좁은 지하철이라는 공간에서 만나는 서민들의 일상을 형상화한 것이다. 이 공간에서 살아가는 사람들의 삶 또한 비좁은 공간일 터이다. 서민들의 일상은 낯선 얼굴들이 서로 만나고, 낯선 사람들이 함께 타는 지하철이라는 공간에서 "아슬한 운행"을 시도하지만, 여전히 삶의 터널은 풀리지 않는 비좁은 상황 속에 놓여 있다. 이 시에서 지하철이라는 공간은 척박한 현실에서 살아가는 서민들의 모습을 상징하고 있다. 그런데도 이 시는 비좁게 살아가는 서민들의 삶이 비극적으로 보이지 않고 낯선 사람들과 서로 정겹게 엉켜 있는 것처럼 느껴지게 한다. 이러한 따뜻한 정서는 시 「어느 촌지」에서 손주 때문에 학교에 불려온 할머니가 건네준 촌지를 무심결에 주머니에 넣었다가 하루 일을 마치고 집으로 돌아오는 길에 따뜻한 정을 느끼는 것과 같은 것이다. 이런 일상의 풍경들은 커피 자판기에 그려진 무미건조한 여자를 보면서 커피를 뽑아 마시는 서민들의 모습에서, 지하주차장에 구토를 해놓은 이물질을 바라보는 한 사람의 모습에서, 야근 수당을 받고 찜질방에서 안마를 받는 어떤 사람의 모습에서 다양한 관점으로 나타난다. 사람들이 살아가는 곳에서 만나는 사람 사는 이야기, 이와 같이 그의 시에는 서민들의 다양한 일상들이 다양한 희망으로 그려지고 있다. 이 때문에 그의 시를 읽다 보면, 어느 새 "사람만이 희망이다"라는 말을 떠오르게 한다.

3.

이번 시집에는 현실의 문제를 정면으로 맞서거나 풍자하는 시들이 있는가 하면, 그 현실에 맞서지 못하고 소시민으로 살아가는 자신에 대해서 반성하고 성찰하는 시들도 있다. 서정시가 개인의 정서를 드러내고, 그 정서를 다양한 관점으로 표현하는 것이라는 점에서 주관적 관점이 내재되어 있는 것은 당연한 일이다. 그런데 문제는 그 반성과 성찰이 현실을 바라보는 관점과 어떻게 연결되어 있으며, 현실의 문제를 어떻게 내면화하고 있느냐 하는 것이다. 현실의 상황을 바꾸지 못하는 자신에 대해 참회의 관점을 갖기도 하지만, 거대한 현실의 벽을 어쩌지 못하고 절망하는 관점을 취하기도 한다. 반성과 성찰이라는 점에서는 동일하게 보이지만, 이런 관점을 통해서 현실에 취하고 있는 화자의 태도는 다르게 나타난다. 그의 시는 현실에 대한 자기반성을 통해서 새로운 희망을 꿈꾸고 있다.

    백두대간의 괄약근 틈사이로
    나는 매일을 넘나든다

    운전대를 잡은 손끝으로 전해지는
    단 1분 간의 해방구

    혼자만의 방음된 시간 속으로
    가슴 밑바닥 쌍끌이로 건져 올리는
    시대의 길들여진 잔해들

한껏 소리 높인 목청이
엔진소음마저 살라먹는 이곳은
시원한 어둠의 제의祭儀

한 집안의 장손으로, 국민교육헌장을 달달 외워야 했던 아이로, 시험 문제 하나하나에 생을 걸어야 할 사춘기 소년으로, 혹은 최루가스로 하얗게 눈 한번 뜨지 못한 청년으로, 어린 피붙이들을 위해 제 목소리 한번 내지 못한 가장으로

남북으로든 동서로든
늘 이어져온 막다른 출입구

백두대간의 미끈한 괄약근 틈새로
매일같이 나는 나를 지우는
혁명을 시도 중이다

―「60으로 고해하기」 전문

   이 시는 제목에서도 알 수 있듯이, 자신의 삶을 자서전적으로 형상화한 시이다. 이 시의 관점은 다분히 자신의 삶에 대해서 고해하고 있다. 그는 단 1분 간 해방구를 맞는 터널을 지나면서 터널을 지나기 전의 자신의 과거와 터널을 지난 후의 현재를 떠올리면서 과거와 현재를 반성하고 있다. 그는 터널을 지나는 통과의례를 "백두대간의 괄약근 틈"을 지나는 것으로 표현하고 있다. 여기서 60이란 숫자는 당연히 1분이라는 시간이다. 1분이 60초인데 이 짧은 60초라는 시간은 자신의 과거와 현재를 떠올릴 수 있는 긴 시간이기도 하다. 여기서 터널을 통과하는 행위는 일종의 삶과 죽음의 경계를 의미하는 제의 방식이기도 하다. 그것은 "시원한 어둠의 제의(祭儀)" 방식이다. 원래 구멍의 원형 상징은 생성, 혹은

통과의례를 상징한다. 그곳은 새로운 생명이 태어나는 금기의 공간이기도 하고, 반드시 통과해야 하는 공간이기도 하다. 이 시의 화자는 장손으로 태어나면서 겪어야 했던 운명같은 일들, 그리고 사춘기 소년으로 성장하면서 어쩔 수 없이 겪어야 했던 일들, 최루탄 가스 속에서 보냈던 청년 시절의 일들, 현재는 "제 목소리 한번 내지 못한 가장"으로 살아가는 일들을 떠올리고 있다. 그렇지만 화자는 자신의 운명과 현실을 외면할 수가 없다. 그는 어김없이 현실의 터널을 통과해야만 하기 때문이다. 그러면서 그는 "매일같이 나는 나를 지우는 혁명"을 시도하고 있다.

이러한 반성과 성찰의 자세는 가끔씩 세상을 거꾸로 보고 싶은 충동으로 나아가기도 한다.(시 「물구나무 서기」) 그는 철봉에 거꾸로 매달려 본다. 그가 매달리고 있는 철봉은 현실을 다르게 보려는 욕망의 끈이다. 그 현실의 끈을 놓지 않은 채 매달려서 세상을 다시 살펴본다. 그렇게 거꾸로 보고 싶었던 현실이 "딸아이"의 호명(呼名)으로 다시 현실로 돌아오게 한다. 그에게는 나를 다시 제자리로 돌려놓고 있는 현실이 항상 있는 것이다. 시 「미안함에 대하여」에서는 작고 사소한 일상에 대해서 미안해하는 자신의 심정을 형상화하고 있는데, 여기서 그는 비록 작고 사소한 것들이지만 이들에 대한 미안한 마음을 가지고 사는 것이 중요하다고 말한다. 어떤 대상에게 미안하다고 말하는 것은 자신을 스스로 낮추는 행위이다. 그것은 겸손과 겸허의 관점으로 세상을 바라본다는 것이다. 그는 소외된 것들에 대해서 많은 관심을 갖는다. 이러한 겸허의 자세가 그의 시에서 찾을 수 있는 품성(品性)이다. 낮고 사소한 일상에 대한 미안함으로 표현하고 있지만, 그 내면의 품성에는 섬

세함이 놓여 있다. 사공도는 「이십사시품」에서 시의 품격을 스물 네 가지로 나누고 있는데, 이 시품 중에서 그의 시를 말하라고 한다면, 그의 시는 '섬농(纖穠)'의 미학을 갖고 있다고 말할 수 있다. 안대회는 "섬농은 대상이 자연이든 여성이든 시인의 풍부한 감정을 담아 섬세하게 묘사한 시의 미학"(안대회, 『궁극의 시학』, 문학동네, 2013, 92쪽)이라고 정의하고 있다. 이러한 미학은 현실에 대해 드러냄과 스밈을 지향한다고 할 수 있다. 그의 시세계는 현실의 문제를 드러내고 있지만, 그 밑바닥에 조밀한 일상성이 스며 있기 때문에 드러냄과 스밈이 알맞게 조화되어 있다고 말할 수 있다.

이 때문에 그의 시는 어떤 사물의 속성을 깊이 천착하고, 그 속성의 의미를 시의 미학에 스며들게 하고 있다. 시「바다」는 바다의 속성을 노래한 시인데, 여기에서 그는 바다는 움직이지 않고 하늘을 닮아서 넓고 넓지만 그 넓음은 낮음을 근본으로 하고 있다는 속성을 드러내고 있다고 말한다. 그는 넓고 깊은 바다도 결국 자신을 낮춤에서 시작하고 있다는 점을 놓치지 않고 있다. 가장 큰 것은 가장 작은 것으로부터 시작한다. 태극(太極)은 태허(太虛)와 통하고, 비어있음은 가득 차있음과 통한다. 그의 시적 사유 방식이 독특하고, 사물과 형상의 관계를 넘어서 존재한다고 볼 수 있는 것은 이런 이유 때문이다. 시「변방은 여전히 평안하다」에서는 봉수대의 속성을 통해서 현실을 풍자하고 있다. 한 때 화급함을 알리던 봉수대가 제 기능을 잃어버리고 그 자리는 멧비둘기 한 쌍이 지키고 있다. 이제 봉수대는 과거의 위급함을 알리는 기능을 상실한 채, 유물표지판으로 사라지고 만 것이다. 지금 그 자리는 눈먼 백성들과 은밀한 거래를 하고 있는 공중파 첨탑만이 뾰족하게 솟아 있을 뿐이다. 과거의 기능을 상실하고 그 자리를 지키고 있는 봉수대는 자본의 허무함을 상징하고 있다.

4.

이와 같이 그의 시는 현실의 문제를 끌고 들어오면서도 그 현실에서 드러나는 문제들을 일상의 상황에 스며들게 하고 있다. 그것은 그의 시가 현실에 대한 자기반성으로부터 비롯하고 있기 때문이다. 그의 시는 이러한 반성을 통하여 현실의 문제를 자신의 내면으로 끌어들이고 있다. 그는 내면에 스며드는 현실을 절망의 관점으로 바라보는 것이 아니라, 새로운 희망의 관점으로 바라보고 있다. 왜냐하면 그는 작고 소소한 일상을 통해서 그들의 삶 속에 내재해 있는 건강한 모습을 발견하고 있기 때문이다. 그의 시는 현실에 대한 비판과 성찰을 통해서 자신의 삶을 반성하고, 그 반성을 통해서 현실에서 새로운 희망을 발견하고 있다. 그는 부박하고 힘든 현실이야말로 우리들의 희망이요, 꿈이라고 말한다.

  푸른 힘줄이
  저 멀리 맞붙어 있다
  아슬한 경계에서
  귀신같은 물보라를 뿜어 올리며
  사라진 단단한 자맥질,
  시간의 긴 물살을 거스르며
  오츠크해의 좌표를 입력한

> 우리들의 희망은, 여전히
> 수평선의 동맥처럼 팽팽하기만 하다
>
> ―「고래를 꿈꾸며」 전문

　이 시는 다른 시들에 비하면 비교적 짧은 시이지만, 그 내용은 결코 만만하지 않다. 그가 바라보는 세상은 "푸른 힘줄"이 서로 맞붙어 있는 형국이다. 그 팽팽한 긴장 속에서 그는 대양을 향한 꿈을 펼치고 있다. 어떤 어려운 현실 상황 속에서도 희망의 끈을 놓지 않으려는 "수평선의 동맥처럼 팽팽"한 긴장이 느껴지는 시이다. 그 긴장의 끈에서 현실의 진정한 의미가 살아있는 것이다. 그 "아슬한 경계"의 너머에 존재하는 것은 무엇일까? 그것은 대양을 가로지르는 넓고 넓은 세계이다. 그곳은 고래가 꿈꾸는 희망의 세계이다. 여기서 수평선이라는 "아슬한 경계"라는 것은 보이지 않지만 어렴풋이 보이는 희망의 경계이고, 그 보이지 않는 심연의 세계는 그가 꿈꾸는 희망의 세계이기도 하다. 그는 경계의 이쪽과 저쪽을 바라보면서 새로운 세계를 꿈꾸고 있다. 그의 시는 이러한 희망의 세계가 있기 때문에 무엇보다 행복하게 읽힌다.

> 한 점의 바람은
> 아무 상처 없이
> 쳐 놓은 그물을 지나가지만
> 애꿎은 참새 몇 마리
> 걸려들어 퍼덕이다
> 깃털 몇 개 떨어뜨리고

한 움큼의 바닷물
　　소리 없이
　　그물코를 쏘옥 빠져나오지만
　　눈 먼 숭어 떼들
　　은빛 비늘을 털며
　　몸부림칠수록 더욱 엉켜버리고

　　그 그물 속으로
　　매번 걸려들어 허우적거리는
　　나를 생각해 보며
　　바람처럼 물처럼 되기를
　　가끔씩 꿈꾸어 보았다
―「그물」 전문

　이 시는 현실에 얽매인 삶을 살고 있는 사람들을 경계하고 있는 시이다. 참새를 잡기 위해 쳐놓은 그물에는 참새가 걸리고, 숭어를 잡기 위해 쳐놓은 그물에는 어김없이 숭어가 걸리게 마련이다. 자신도 매번 그 그물에 걸려 허우적대는 삶을 살고 있지만, 언젠가는 "바람처럼 물처럼"되어서 그물에 걸리지 않는 삶을 살 것이라고 다짐한다. 그물은 자신을 구속하는 현실을 상징하고, 그 그물에 걸리지 않는 바람과 물은 경계와 걸림이 없는 자유의 세계를 상징한다. 그는 매번 현실의 그물 속에서 얽매여 있지만, 그 자유의 세계를 추구하려고 한다. 이 시는 이러한 화자의 자유 의지와 욕망이 잘 드러나 있다. 바람처럼 물처럼 걸림이 없는 삶이란 대부분의 사람들이 꿈꾸는 삶의 모습이기도 할 것이다. 이러한 자유를 지향하는 시들은 생명에 대한 사랑과 연결되고 있다. 시「나무들이 합장하다」에서는 나무에 자유로운 생명을 불어넣고 있다. 금정산의 나무들은 사람들의 발길이 너무 많이 닿아서 뿌리가 마치 하지정맥류를 앓고 있는 것처럼 흉물스럽게 보인다. 나무의 뿌리들이 흙 위로 나와 있는 것은 자신의 몸을 지탱하기 위해 안간힘을 쓰고 있는 모습과 닮았다. 그는 이러한 상황을 나무를 살리기 위한 뿌리의 절규라고 생각하면서 생명의 소중함이 무엇보다 중요하다고 말하고 있다. 그 나무들이 스스로 살기 위해서 지금 "정한수 금샘을 떠놓고 무병장수"를 기도하고 있다고 말하고 있는 것이다. 나무들은 현실의 고통을 이겨내기 위해서 "입술을 깨물면서" 견디고 있는 것이다. 그는 나무의 절규를 통해서 생명의 자유를 발견하고 있다. 시 「다솔사 해우소」도 화장실의 칸과 칸의 경계를 넘어서려는 화자의 의지가 담겨 있다. 네 칸 씩 짝을 이룬 절간 화장실에 앉아서 볼일을 보다가 자신의 분비물이 떨어진 곳에는 화장실의 칸 경계가 사라지고 있다는 사실을 발견한다. 화장실 아래쪽으로 떨어진 분비물은 그 자리에는 서로의 경계를 허물면서 하나가 된다. 이 경계의 허묾이 진정한 의미의 삶이고, 삶의 희망인 것이다. 그는 절집 화장실에 앉아서 그 경계의 너머를 꿈꾸고 있다.

    보름달이 가끔씩 뜨는 날이면
    동네 목욕탕은 작은 호수가 되네

    인적이 드문드문 말라 갈 즈음
    무거운 그림자 걸머지고 들어오는 사내가 있었지
    부려놓은 생의 짐을 한 올 한 올 벗겨내며
    손가락 끝으론 울고 있었지
    이윽고 물속으로 풀어 놓자
    찰랑찰랑 헤집는 소리 위로 한 마리 물고기가 태어났네

두 다리가 퇴화되어 만들어낸 꼬리지느러미
새까맣게 엉덩이로 걸었던 기억을 지워가면서
비로소 환하게 유영을 하네
톡톡, 어린 아가미로 터져 나오는 즐거운 비명은
풍경 소리로 메아리쳐 오고
창틈을 엿본 달빛은 엷은 너울에 제 몸을 실으며
먼 바다를 꿈꾸게 하였네
한 번도 육지에 서 보지 못한 물고기를 위해
사내는 짜디짠 물 한 방울 더 보태었지

늘 그날 밤이면 하늘엔
물고기자리 위로 은하수가 흘러넘치곤 하였네

—「물고기로 꿈꾸다」 전문

    이 시는 그가 일상의 삶으로부터 무엇을 꿈꾸고 있는지를 알 수 있게 한다. 동네 목욕탕에서 목욕을 하면서 일상의 노동으로부터 벗어나 자유로운 물고기가 되고 싶다는 꿈을 꾸고 있다. 그는 "한 번도 육지에 서 보지 못한 물고기"를 위해서 자신의 땀방울을 보태고 있다. 그것은 노동의 신선한 땀방울이다. 그 작은 공간에서 먼 바다를 꿈꾸는 것, 우주의 상상력으로 나아가는 것, 그것이 그가 꿈꾸는 세계이다. 인간이란 어차피 쓸쓸하고 외로운 존재일 뿐이지만, 그 삶의 무게를 벗어 던지고 나면 비로소 자유로운 삶이 펼쳐지는 것이다. 목욕탕은 모든 현실의 허물을 잠시 벗어던질 수 있는 공간이다. 이러한 알몸의 공간에 와서야 비로소 그는 퇴화된 두 다리가 꼬리지느러미가 되어서 물을 유영하고 있는 자신만의 '물고기'를 발견하게 되는 것이다. '물고기'는 새로운 존재로 태어나려는 화자의 욕망을 상징하고, 새로운 자유를 만끽하려는 화자의 소망을 표상한다. 현실의 무게를 벗어놓은 순간, 그는 세상을 벗어나 새로운 하늘을 꿈꾸게 된다. 그 하늘에서 빛나는 물고기자리는 그가 꿈꾸는 신생(新生)의 세상을 상징하는 공간이다. 그곳은 은하수가 흘러넘치는 곳, 태초의 자유가 살아있는 공간이다.

이러한 그의 꿈이 형상화된 시들로 「심야 라디오」, 「우리 시대 타잔」 등을 들 수 있다. 시 「심야 라디오」는 심야 라디오를 들으면서 사람과 관계 맺기를 시도하려고 하지만 그 관계가 잘 이어지지 않는다는 사실을 푸념한 시이다. 그 시간에 그가 진정 그리워했던 것은 사람의 온기였다. 라디오 주파수를 통해서 경계의 너머에 있는 사람의 온기를 느끼고 싶은 것이다. 시 「우리 시대 타잔」도 한때 아이들의 영웅이었던 타잔이 사라진 시대에 새로운 영웅이 나타나기를 소망한 시이다. 현대는 영웅의 시대가 가고 개인주의 시대가 되었다. 현대인들은 자본의 밀림이라는 또 다른 세계 속에서 서로 의지할 곳이 없는 밀림 한 가운데서 방황하고 있다. 여기서 말하는 영웅은 단순한 영웅을 의미하는 것이 아니다. 강제적 규율로 조장되는 영웅이 아니라, 함께 공감하게 만드는 영웅을 말한다. 이 시는 이와 같이 우리 시대를 함께 공감할 수 있는 진정한 '타잔'이 나타나기를 열망한 시이다. 그는 함께 살아가는 아름다운 시대를 꿈꾸고 있다. 모든 인간의 허위를 벗어던지고, 인간 본연의 모습으로 세상을 보면서 인간의 온기를 느끼면서 함께 공감하는 시대를 꿈꾸고 있다. 그가 말하는 물고기의 꿈은 신생의 삶에서 만나는 새로운 세상이다. 타인에 대한 배려, 인간 본연의 자세를 통해서 진정한 삶의 의미를 찾아가는 것이다. 그는 현실의 허위와 가식의 굴레를 벗어나 진정한 자유가 있는 삶을 꿈꾸고 있다.

이 때문에 이번 시집에서 과거의 기억 속으로 끌고 가는 시편들은 눈여겨 볼 필요가 있다. 과거는 인간의 정이 있는 공간이고, 그곳은 단순한 추억의 공간이 아니라, 인간적 삶의 체취가 있는 공간이다. 그 과거의 심연에서 끌어올린 시편들은 그가 어떤 삶을 지향하고 있는지를 엿볼 수 있게 한다.

>고샅길을 따라 돌아가는
>물동이가 있다
>철 지난 유행가 가락에 맞춰
>찰랑찰랑 넘칠 듯
>풋내 나는 순정을 담고
>지는 벚꽃 잎으로 온몸을 가리우고
>쫓아오는 옆집 강아지의 그림자에
>속치마 잘근잘근 끌다가
>흙담에 기대어 휴우, 눈 흘기는
>볼이 발그레한 그 여인을 보러
>오늘도 나는 머리를 깎으러 왔다
>
>―「고향 이발소」 전문

이 시는 '고향 이발소'라는 공간을 형상화한 시이지만, 그곳의 풍경은 어린 시절의 순정한 장소를 연상시키는 공간이다. 그곳은 인정이 넘치는 곳이기도 하고, 오래된 기억 속에 있는 순수한 풍경이기도 하다. 그는 이런 세상을 동경한다. 순박한 인정이 넘치는 곳, 이곳은 그가 꿈꾸는 세상이다. 그곳은 사람들이 모두 볼이 발그레하면서 부끄러움을 느끼는 곳이고, 마음이 통하는 사람들이 살아가는 곳이다. 『시경』에서 말하는 사악함이 없는 시가 동양 시학의 본령이라면, 그의 시는 사악하지 않은 순정한 세계를 꿈꾼다는 점에서 동양 시학이 추구하는 본연의 자세를 견지하고 있다고 할 수 있다.

이와 같은 시들은 시집 곳곳에서 발견할 수 있다. 시「구관 108호에서 촘스키를 만나다」에서는 대학시절 강의실에서 배운 언어학 개론 시간, 촘스키의 언어학 개론을 배우던 시간을 추억하면서 순수했던 대학 시절을 회상하고 있다. 이 시는 퇴적되어 가는 시간의 풍경들을 순수한 인간의 정서로 형상화하고 있다. 그는 과거의 기억들이 아련해지고 있다는 것을 아쉬워하면서 그 순수했던 과거를 현재의 모습에 투영하고 있다. 시「새우깡」은 유년 시절의 우울했던 기억, 할아버지의 죽음을 지켜보면서 아이들은 아랫방은 유폐되었던 기억을 떠올리면서 쓴 시이다. 어린 화자는 할아버지와 새우깡을 나누어 먹으려 했지만, 할아버지가 돌아가셔서 나누어 먹을 수 없었다. 철없던 어린 시절의 가슴 아픈 상처가 각인되어 있다. 그 가슴 아픈 기억 속의 "새우깡"은 할아버지와 어린 나를 연결하는 순정한 정신의 끈을 상징한다. 그 보이지 않는 끈은 기억의 심연에 자리잡고 있는 아련하면서 맑은 동심의 아픔이다.

아버지는 정원을
들여놓았다
영육(靈肉)을 물려받은 그 집터에서
처음으로 화초를 심은 것이다
하얀 찔레와 몇 그루의 단풍나무,
아버지의 얼굴엔 꽃이 피어났고
어린 우리들은 성가셨다
TV속 프로야구를 흉내 내기엔
마당은 여전히 비좁았다

> 학교 앞 문방구, 용돈과 맞바꾼
> 공은 몇 번의 순간 이동으로, 결국
> 몇 개의 가지를 생채기내고 말았다
> 출타한 아버지의 웃음은 지워졌고
> 한 대의 뺨과 단 한 번의 붉은 코피로
> 그 죄를 대신했다
> 널브러진 가지처럼 앉은 나의 손엔
> 슬쩍 천 원짜리 지폐가 쥐어졌다
> 그리고 지금,
> 아버지는 찔레 같은 하얀 눈물을 삼키며
> 붉게 쓰러진 단풍나무 마냥
> 방바닥에 그 화단을 가꾸시며
> 계속 누워만 계신다
>
> ―「아버지의 화단」 전문

 이 시는 어린 시절의 추억과 함께 현재의 아버지에 대한 모습을 비교한 슬픈 자화상이다. 방바닥에만 누워있는 아버지의 모습 속에서 한 생애의 아픔이 슬프게 다가온다. 이러한 가족 서사는 그의 시 곳곳에 나타나고 있다. 시 「엄마의 도마」는 다섯 식구의 입을 먹여 살려야 했던 엄마의 도마에 대한 추억을 회상한 시이다. 가난한 어린 시절 엄마의 도마와 성당에서 일하는 엄마의 도마는 새로운 방식으로 진화하고 있다. 시 「할머니의 실루엣」은 할머니의 죽음을 기다리는 앰뷸런스를 보면서 한 사람의 일생이 마감되는 장면을 담담하게 형상화한 시이다.

 그의 시 저변에 깔린 과거에 대한 체험과 가족 서사는 그가 꿈꾸는 세상과 무관하지 않다. 과거의 기억들은 아련한 추억으로 존재하고 있지만, 사실은 그의 의식 층위를 끝없이 자극하고 있으며,

가족 서사는 그가 지향하는 공감의 의미를 더욱 심화시키고 있다. 그가 꿈꾸는 세상이 어떤 세상인지, 그리고 그의 시 작업이 어떤 방향으로 나아가고 있는지를 보여주고 있다. 그는 과거의 기억을 통해서 순수함이 사라지고 있는 현실을 반성하고 있으며, 그 반성을 통해서 새로운 세상을 꿈꾸고 있다.

5.

　김요아킴의 시는 현실에 뿌리를 두고 있다. 이 말은 그의 시가 현실을 외면하지 않고 있다는 말이기도 하다. 그런데 그가 바라보고 있는 현실은 그리 녹록하지만은 않다. 현실은 정치적 폭력과 모순이 난무하고 있으며, 노동자들은 사회로부터 외면당하고 있다. 많은 사람들이 소외당하고 있으며, 사회적 소수자들은 고통을 받고 있다. 그래서 그가 만나는 현실은 아프다. 그 아픔 때문에 그의 시는 더러는 현실에 저항하기도 하고, 더러는 현실을 비판하기도 하고, 더러는 현실을 위무(慰撫)하기도 한다. 그렇게 모순된 현실이 자신의 탓만이 아닐 터인데도 이 땅에 함께 살고 있는 시인이라는 이유 때문에 스스로 반성하기도 한다. 그렇지만 그의 시는 현실의 모순을 드러내고 있으면서도 그 현실을 외면하지 않는다. 그는 드러냄과 스밈의 조화를 통해서 새로운 세상을 꿈꾸고 있다.
　이러한 현실 인식 때문에 그의 시는 현실에서 일어나는 자잘한 일상들을 찾아가고 있다. 그의 시는 버려진 것들, 현실로부터 소외된 것들에 대한 끝없는 애정과 연민의 자세를 취하고 있다. 하나의 생명은 결코 하나의 생명이 아니며, 그 하나의 생명은 전체의 생명을 이루는 근원으로 작용하고 있다. 낱 생명이 곧 온 생명이요, 온 생명이 곧 낱 생명인 것이다. 그의 시는 부분과 전체가 화합하는 조화로운 세상을 꿈꾸고 있다. 이를 통해서 그는 현실의 모순이 사라진 세상, 경계가 사라진 세상, 이쪽과 저쪽의 분별이 없는 세상을 꿈꾸고 있다. 조선시대 실학자인 최한기는 이런 세상을 '통민운화(統民運化)의 세계'라고 말한다. 이러한 세상은 말 그대로 "나와 남의 평화로운 공생, 종족(민족)과 종족(민족) 간 및 국가와 국가 간의 평화, 자연과 인간의 공존을 담보"(박희병 『운화와 근대』 돌베개, 2003, 175쪽)로 하는 세상이다. 그가 꿈꾸고 있는 세상은 사람이 아름다운 세상이고, 사람에 대한 경계와 구분이 없는 세상이다.

   그런 세상은 가족에 대한 애정과 관심으로부터 시작해서 사회의 소수자들에 대한 관심으로 나아간다. 그 세상은 때론 과거의 심연 속에 있었던 순수한 세상에서 발견하기도 하고, 일상에서 만나는 작은 평화의 공간에서 발견하기도 한다. 사람들이 추구하는 진정한 평화는 멀리 있는 것이 아니라, 지금 우리가 살아가고 있는 이곳에서 발견할 수 있다는 것이다. 그래서 그의 시는 현실의 모순을 비판하면서도 그곳에서 희망을 찾고 있는 것이다. 이 한 권의 시집을 통해서 그가 꿈꾸는 '사람만이 희망'인 세상이 왔으면 한다. 굽어진 길의 저편에는 보이지 않는 희망이 존재하듯이 비록 지금 우리의 현실이 굽어진 길처럼 아득하지만, 우리는 이 시집을 통해서 굽어진 길 끝에 있는 새로운 희망을 발견할 수 있을 것이다.